"Gracias, Elyse. Aquí vemos ~~~~~~~~~~~~~~~~
también a nuestro presente y a ~~~~~~~~~~~~~~~
y está lleno de aplicaciones prá~~~~~~~~~~~~~~
los rincones más 'privados' de n~~~~~~~~~~~~~~
el único mensaje que tendré de ahora en adelante'. Si ese el caso, ya estoy en fila para el próximo".

— **Edward T. Welch,** consejero y miembro de la facultad
Christian Counseling & Education Foundation

"*Porque Él me ama* proveerá esperanza y la dosis de 'oxígeno espiritual' que muchos cristianos necesitan urgentemente, pues han perdido de vista lo que tienen y lo que son en Cristo, y están luchando por una vida que nunca podrán vivir separados de Él. No podemos darnos el lujo de olvidar el mensaje del evangelio, del amor de Dios a través de Cristo".

— **Nancy DeMoss Wolgemuth,** autora y locutora
de radio para *Aviva Nuestros Corazones*

"Elyse Fitzpatrick nos ha dado un libro útil, alentador y vivificante que nos muestra el impacto práctico del gran amor de Dios para Su pueblo en cada aspecto de la vida cristiana. Su rico entendimiento de la verdad revelada de Dios, cuando es entendida y aplicada, ciertamente equipará e inspirará a los cristianos para que cumplan de la mejor manera su fin principal: ¡glorificar y gozar de Él por siempre!".

— **Carol J. Ruvolo,** autor de *Grace to Stand Firm: Grace to Grow* y *No Other Gospel: Finding True Freedom in the Message of Galatians*

"El Espíritu de Dios parece estar iniciando una amplia recuperación del evangelio y sus implicaciones. Cada vez hay más personas que están redescubriendo, proclamando y disfrutando la centralidad del evangelio en el ministerio de la iglesia local y en la vida de un cristiano. *Porque Él me ama* es otro indicio de que las brisas frescas del evangelio están soplando. Si amas el evangelio de Jesucristo, amarás lo que Elyse Fitzpatrick ha escrito en este libro".

— **Donald S. Whitney,** profesor de Espiritualidad Bíblica
en The Southern Baptist Theological Seminary y autor
de *Disciplinas espirituales de la vida cristiana*

"Muchos libros cristianos nos llevan a enfocarnos en las dificultades de la vida cristiana, dejándonos triunfantes con un orgullo santurrón o aplastados por el peso de una mochila llena de culpabilidad. Elyse Fitzpatrick nos muestra cómo dejar esa carga de culpa a los pies de la cruz y cómo darle muerte a esa justicia propia, no solo una vez sino diariamente, gozándonos cada vez más en el evangelio. Aquí encontrarás una sabiduría profunda y práctica que te equipará para enfrentar la vida y la muerte con una alegre confianza en el amor de Dios por ti a través de Jesucristo".

— **Iain Duguid,** profesor de Antiguo Testamento en Westminster Theological Seminary

"Elyse Fitzpatrick nos recuerda por qué el evangelio es tan buena noticia—no solo cuando lo escuchamos por primera vez, sino aún después de pasarnos toda una vida oyendo el mismo mensaje. Esta es una exposición conmovedora de la verdad del evangelio, mostrando cómo el contenido doctrinal de nuestra fe no es algo seco y académico, sino una verdad maravillosamente personal y práctica. Y el mensaje del evangelio no es solo el fundamento de nuestra nueva vida en Cristo, sino que también constituye los ladrillos y el mortero. Por tanto, no solo es relevante al principio de nuestro caminar con Cristo, sino cada día a partir de ahí. Esa verdad simple, pero crucial, suele olvidarse hoy en día en las iglesias".

— **Philip R. Johnson,** director ejecutivo de *Gracia a Vosotros*

"Creemos que nuestra amiga Elyse Fitzpatrick ha escrito su obra maestra. Este excelente libro puede compararse con los libros *Deseando a Dios* de John Piper y *La vida cruzcéntrica* de C.J. Mahaney, en la forma en que arroja una luz refrescante sobre el evangelio y nos recuerda su impacto en nuestra vida y ministerio. Este libro es maravillosamente práctico y teológicamente profundo a la vez. ¡Está destinado a ser un clásico!".

— **Pastor Lance y Beth Quinn,** The Bible Church of Little Rock, Little Rock, Arkansas

"Una vez más, Dios le ha dado a Elyse el don de explicar y aplicar el evangelio de Jesucristo al caminar y a las luchas del cristiano. Ella ayuda al lector a ver que el evangelio no es solo para la salvación, sino que también es vital en el diario vivir del creyente. Mientras que muchos libros enfatizan el mensaje del evangelio y descuidan sus implicaciones prácticas, Elyse une ambas cosas como lo hacen las epístolas del Nuevo Testamento, continuamente apuntando a los lectores hacia Jesucristo y su identidad en Él. ¡No se pierdan este libro edificante!".

— **Stuart W. Scott,** profesor de Consejería Bíblica en Southern Baptist Theological Seminary

Porque Él me ama

Porque Él me ama

Cómo Cristo transforma nuestra vida

Elyse Fitzpatrick

Mientras lees, comparte con otros en redes usando
#PorqueÉlMeAma

Porque Él me ama:
Cómo Cristo transforma nuestra vida
Elyse Fitzpatrick

© 2018 por Poiema Publicaciones

Traducido del libro originalmente publicado en inglés *Because He Loves Me: How Christ Transforms Our Daily Life* ©Elyse Fitzpatrick, 2008. Publicado por Crossway Books, un ministerio editorial de Good News Publishers; Wheaton, Illinois 60187, U.S.A.

A menos que se indique lo contrario, las citas bíblicas han sido tomadas de *La Santa Biblia, Nueva Versión Internacional* (NVI) © 1986, 1999, 2015 por Biblica, Inc. Las citas bíblicas marcadas con la sigla NTV han sido tomadas de *La Santa Biblia, Nueva Traducción Viviente* © 2010 por Tyndale House Foundation; las marcadas con la sigla NBLA, de *La Nueva Biblia de las Américas* ©2005 por The Lockman Foundation; las marcadas con la sigla RVC, de *La Santa Biblia, Versión Reina Valera Contemporánea* © 2009, 2011 por Sociedades Bíblicas Unidas; las marcadas con las sigla RV60, de *La Santa Biblia, Versión Reina Valera 1960* © 1988 por Sociedades Bíblicas Unidas; las marcadas con la sigla TLA, de la *Traducción en Lenguaje Actual* © 2000 por Sociedades Bíblicas Unidas.

Todos los derechos reservados. Prohibida la reproducción total o parcial de este libro por cualquier medio visual o electrónico sin permiso escrito de la casa editorial. Escanear, subir o distribuir este libro por Internet o por cualquier medio es ilegal y puede ser castigado por la ley.

Poiema Publicaciones
info@poiema.co
www.poiema.co

Categoría: Cristianismo, Consejería bíblica, Evangelismo, Teología pastoral
Impreso en Colombia
ISBN: 978-1-944586-46-1
SDG

Dedicado a

Gabriel James y Colin Charles

*Es mi oración que conozcan
y amen el evangelio de Jesucristo.*

Contenido

Prefacio 11
Reconocimientos 13
Introducción: ¿Se te olvida algo? 15

Parte uno: Cómo el amor de Dios
transforma nuestra identidad

1. Recordando Su amor 21
2. Olvidando nuestra identidad 43
3. El regalo de nuestra identidad 59
4. El veredicto 75
5. Tu herencia 89
6. ¡Mira y vive! 105

Parte dos: Cómo el amor de Dios
transforma nuestra vida

7. Sé quien eres 123
8. Yo te limpiaré 141
9. Anden en amor 161
10. Ánimo; tus pecados quedan perdonados 179
11. Relaciones centradas en el evangelio 197

12. La esperanza del evangelio 213
    Apéndice: La mejor noticia del mundo 229
    Bibliografía 237
    Notas de texto 241

Índice de gráficos y figuras

Fig. 7.1 Balanceando las declaraciones
con las obligaciones del evangelio 130
Fig. 8.1 Adorar a Dios o adorar a los ídolos 147
Fig. 8.2 La incredulidad conduce a la idolatría
y a otros pecados 147
Fig. 8.3 Incredulidad, tesoro,
miedo y preocupación 149
Fig. 8.4 Liberación del miedo 150
Fig. 8.5 Liberación del enojo 152
Fig. 9.1 La queja y la gratitud 167

Prefacio

Hace ya muchos años que nací de nuevo en Cristo, y Dios en Su bondad nos ha puesto a mí y a mi familia en una iglesia bíblica que está centrada en el evangelio. La supremacía y la autoridad del Señor Jesucristo y Su obra en la cruz son evidentes en las alabanzas, en la predicación, en los grupos que se reúnen en casas, en la consejería y en el pueblo de Dios en general. Pero aun con la bendición de tener este trasfondo y de recibir tan buena enseñanza, he tropezado muchas veces en mi caminar espiritual. He tenido dudas acerca de la bondad de Dios, dudas acerca del amor de Dios, y dudas en cuanto a mi capacidad de vencer mis tantos pecados, los cuales dañan mi corazón, mi carácter, mis relaciones y mi testimonio. Sin embargo, en medio de todo esto, Dios en Su gracia sigue revelándome más de Sí y acercándome cada vez más a Él.

Uno de los medios específicos que el Señor usó para revelarme más de Él fue el material que Elyse presenta aquí en *Porque Él me ama*. Primero lo escuché en un seminario para mujeres que precedía una conferencia de consejería bíblica. Durante la conferencia, lo presentó de nuevo, solo que un poco más resumido y adaptado a consejeros. Ella demostró cómo el mensaje del evangelio, en cinco partes —la encarnación, la vida perfecta de Jesús, Su crucifixión, resurrección y ascensión— podía ser aplicado prácticamente a una variedad de escenarios de consejería, como a los casos de adolescentes con anorexia o de esposos cristianos adictos a la pornografía. Fue en ese momento que el Señor abrió los ojos de mi corazón para que pudiera ver con toda claridad que el mensaje del evangelio realmente es la respuesta a todo problema y a todo pecado. Yo conocía esas verdades desde hace años, pero fue en ese instante que Dios las convirtió en una realidad absoluta en mi corazón.

Me vino a la mente la última escena de la película *The Miracle Worker* [El hacedor de milagros], la versión antigua con Patty Duke como la pequeña Helen Keller, y Anne Bancroft como Annie Sullivan, la maestra. A través de la película, Annie Sullivan es obstinadamente persistente en su intento de enseñarle lenguaje de señas a Helen, quien es ciega y sorda. La estudiante va del enojo a la depresión, hasta que finalmente se resigna. Pero casi al final de la película, cuando la señorita Sullivan está deletreando la palabra a-g-u-a con señas una vez más, llega el momento en que se le enciende la bombilla a la pequeña Helen. En una escena llena de drama y emoción, Helen corre de un objeto a otro, finalmente entendiendo lo que su paciente y amorosa maestra había estado tratando de hacerle entender.

El día en que escuché ese mensaje de Elyse, cuando el Señor iluminó mi corazón para que pudiera entender el poder del evangelio, me sentí como Helen Keller en esa última escena. Finalmente entendí cuál es la respuesta a toda pregunta, problema y pecado: el e-v-a-n-g-e-l-i-o, el e-v-a-n-g-e-l-i-o, el e-v-a-n-g-e-l-i-o. Ahora cuando lo escucho en la alabanza, mi mente deletrea e-v-a-n-g-e-l-i-o. Cuando lo escucho en la predicación, veo el e-v-a-n-g-e-l-i-o. Cuando lo veo en el amor de mi esposo, de mis hijos, mis amigos, veo el e-v-a-n-g-e-l-i-o.

Debido a que el Señor nos ama: "Su divino poder, al darnos el conocimiento de Aquel que nos llamó por Su propia gloria y potencia, nos ha concedido todas las cosas que necesitamos para vivir como Dios manda" (2P 1:3). Es simple y poderosamente el e-v-a-n-g-e-l-i-o, un verdadero milagro dado por un maravilloso Salvador, Hermano, Sacerdote y Rey.

— ***Jody Hogan***

Reconocimientos

Durante una conversación que tuve recientemente con una amiga que preguntaba acerca de mis escritos, le dije algo así como: "Este mensaje será el único mensaje que tendré de ahora en adelante. No hay nada más importante que decir". Ella respondió: "Que bendición que Dios haya hecho que tantos caminos en tu vida converjan en ese mismo lugar". Estuve de acuerdo.

Dios ha hecho grandes cosas en mi corazón; quisiera agradecer a algunos de ustedes por ser los medios que el Señor ha usado:

A Iain y Barbara Duguid, por abrir mis ojos al evangelio que creí que conocía. Al pastor Tim Keller, quien abrió sus ojos y después, a través de sus estudios bíblicos, también abrió los míos. Al pastor John Piper, por abrir mis ojos a la supremacía de Dios en todas las cosas.

A Craig Cabaniss, mi pastor favorito de Grace Church, quien me enseñó acerca del primer amor sin nunca mencionarlo.

Al equipo de líderes de Sovereign Grace Ministries, por plantar humildemente una iglesia donde me volverían a enseñar a decir el Nombre.

A Steve y Vikki Cook, y al resto de los músicos que escriben canciones centradas en el evangelio para SGM, las cuales estimulan mis sentimientos e instruyen mi alma.

A Al Fisher y Lydia Brownback de Crossway, quienes me recibieron con mucho entusiasmo y entendieron inmediatamente lo que yo quería decir cuando dije que quería escribir un libro acerca del evangelio para creyentes.

A Paul David Tripp, por hablar y escribir acerca del Redentor y por compartir conmigo su sabiduría acerca de la identidad.

A mis amigos de Grace Church, quienes me amaron, oraron por mí, me eximieron del deber que les debía, me escogieron y me retaron; y especialmente a mi grupo pequeño: Dana y Phil, Laura y Bingo, Donna, Laura L., Bev, Dave y JoLyn, Mike y Beth, Frank y Karolyn, Brian y Jody, Robert y Lynette, Rich y Cherie; a nuestros pastores asociados y sus esposas, Dan y Leslie, Eric y Kirsi.

A mi querido pastor y su esposa (mi amiga), Mark and Rondi Lauterbach, quienes viven vidas impulsadas por el evangelio. Mark leyó cada capítulo y me dio ideas inmensamente útiles, alejándome de los pantanos heréticos y animándome con ideas humildes. Mucho de lo que ahora tienen en sus manos viene de sus sermones.

A mi querida familia, por su paciencia, y especialmente a mis nietos: Wesley, Hayden Eowyn, Allie, Gabriel y Colin, quienes no pudieron pasar mucho tiempo con su Mimi este último año porque estuve ocupada escribiendo.

A mi querido esposo, Phil, quien una vez dijo muy gentilmente: "También vivo aquí, ¿sabes?"—cuando su llegada a casa interrumpía mis pensamientos y me irritaba. Gracias, mi amor. Cualquier fruto que el Señor traiga de esto también te pertenece, por tu fidelidad al orar, tu gentileza al liderar, tu amor al animar, y por tu incansable paciencia.

Y finalmente, a Jesucristo, a quien decía amar sin siquiera pensar mucho en Él, hasta que me recordó: "En realidad, todo esto trata acerca de Mí, ¿sabes?". Él me ha bendecido.

Introducción

¿Se te olvida algo?

Alguna vez has tenido esa sensación incómoda de que se te está olvidando algo importante, pero sencillamente no eres capaz de acordarte de lo que es? Yo tuve esa experiencia hace unas semanas, cuando mi esposo y yo salíamos de la iglesia el domingo por la mañana. Sabía que algo se me estaba olvidando, pero no tenía ni idea de lo que era. ¿El bolso? No. ¿La Biblia? La tengo. Al rato, cuando ya íbamos por la calle principal que llevaba hacia la autopista, de repente empecé a gritar: "¡Los niños! ¡Los niños! ¡Se nos olvidaron los niños!". Como podrás imaginarte, mi esposo le dio la vuelta al carro inmediatamente y voló de regreso a la iglesia. Yo salté del carro y corrí a buscarlos. Se me había olvidado que mi hija me había pedido que me llevara a los nietos a casa, y después que supo que por poco los dejamos, estoy segura de que se lo pensó dos veces antes de pedírnoslo de nuevo. Me imagino que esto es algo con lo que muchos de ustedes se pueden identificar, ¿no? Todos sabemos lo que es olvidarnos sin querer de alguien que amamos.

En el Evangelio de Lucas, leemos una historia similar. Habiendo terminando su peregrinaje anual para celebrar la Pascua en Jerusalén, María y José emprendieron su regreso a Nazaret. Cuando ya llevaban un día de camino, comenzaron a buscar a su hijo entre sus parientes y amistades. Asumían que andaba por ahí con alguien del grupo, pero pronto descubrieron que no estaba por ningún lado. Regresaron inmediatamente a Jerusalén y, después de buscarlo como locos durante tres días, lo encontraron en el templo, hablando con los maestros (Lc 2:41-45).

Creo que muchas veces somos como los padres de Jesús. Permíteme explicar lo que quiero decir. Se supone que, como cristianos, celebramos con gozo nuestro Cordero de Pascua (la salvación que tenemos en Jesús), pero después, al igual que Sus padres, regresamos ansiosamente a nuestro Nazaret (a tratar de vivir nuestra fe *sin ser conscientes de Su presencia*). Por supuesto, asumimos que no está lejos, pero ni nos hemos dado cuenta de Su ausencia porque estamos demasiado pendientes de vivir para Él.

Por favor, no me malentiendan. No estoy diciendo que nos ha dejado atrás. No, Él ha prometido nunca hacerlo. Lo que estoy diciendo es que después que somos salvos, una vez que hemos entendido y aceptado el mensaje del evangelio, la persona y la obra del Redentor pasan a un segundo plano porque ahora estamos enfocados en otra cosa: en vivir la vida cristiana. Nos encanta recordarlo en Navidad y en Semana Santa. Lo adoramos como el bebé en el pesebre; nos regocijamos de la tumba vacía. Pero cualquier otro día, nuestra atención está enfocada primariamente en nosotros mismos, en nuestra actitud, en nuestro crecimiento espiritual. Sabemos que la encarnación y la resurrección son verdades importantes de nuestra salvación, pero hasta ahí llega su impacto.

Permíteme ilustrar lo que quiero decir. Si yo te preguntara: "¿En qué manera la encarnación de Jesucristo afectó tu vida en el día de ayer?", ¿tendrías alguna respuesta? Todos sabemos que la crucifixión es importante para nuestra salvación inicial, pero ¿cómo te afectó esta mañana? Cuando estás esperando en la fila del supermercado o escuchando malas noticias de tu doctor, ¿dirías que la cruz consuela tu corazón? Cuando te das cuenta de que acabas de pecar de la misma forma *otra vez*, ¿sientes gratitud y descanso por Su obediencia perfecta?

Introducción

En otras palabras, *¿dirías que Cristo es sumamente relevante para ti en tu diario caminar con Él?*

No estoy asumiendo que al abandonar a nuestro Redentor lo estemos haciendo con malas intenciones. Más bien, pienso que el problema es que la respuesta a la pregunta: "¿Es Jesús relevante?" —es algo así como: "Supongo que sí, pero no veo cómo". Creo que la razón por la que pasa desapercibido es que realmente no entendemos cómo el amor de Dios en el evangelio se aplica a nuestras vidas en la práctica, a los que estamos de este lado de la cruz. Sí, por supuesto que sabemos que Él murió por nuestros pecados y que resucitó, pero ¿qué significa eso en esta vida del siglo veintiuno? Una vez más, te pregunto: ¿Qué tan relevante es el evangelio, la obra de Jesucristo, para ti?

Tal vez otra faceta, y una más ofensiva, de nuestro abandono del Salvador, es que aunque todos los creyentes ortodoxos ven la salvación como una obra Suya, creemos que vivir la vida cristiana es una que es exclusivamente nuestra. Sí, pensamos que la salvación es un gran regalo, pero ahora tenemos que concentrarnos en vivir la vida cristiana.

Creo que la mayoría de los cristianos tienen lindos pensamientos acerca de Jesús, están sinceramente agradecidos por su salvación y recuerdan el nombre de Jesús como una coletilla cuando oran, pero no entienden Su vida y Su obra como algo que merece ser contemplado cada momento de cada día. Tengo que admitir que, hasta hace muy poco, yo era de las que quería ser piadosa sin pensar mucho en Él. Para aquellos que se clasificarían a sí mismos como cristianos comprometidos, que estudian la Biblia y que quieren agradar a Dios, supongo que la idea de volver a estudiar el evangelio parecería como regresar al kínder. Para ponerlo de otra forma, si yo te dijera que este es un libro acerca del evangelio, ¿asumirías que es un libro para no creyentes?

Lo que te voy a pedir que tomes en cuenta al leer este libro puede resumirse en una simple pregunta: *En tu esfuerzo por ser un buen cristiano, ¿te has olvidado de Jesús?* Como puede que esta pregunta sea nueva para ti, déjame hacerte unas cuantas más para ayudarte a responderla con claridad.

- Si yo te dijera que vamos a estar considerando el amor de Dios en varios de los capítulos, ¿sentirías la necesidad de reprimir un bostezo? ¿Qué significa Su amor transformador para ti hoy?
- ¿Estás más enfocado en lo que haces por Él o en lo que Él ya hizo por ti?
- Al final del día, ¿sientes paz en tu alma gracias a Él, o estás lleno de culpa y prometiéndote que mañana "lo harás mejor"?
- ¿Todavía sientes la necesidad de probar que no eres "tan malo"? ¿Te enojas cuando la gente te critica o te ignora?
- Sabes que Jesús es la Puerta. ¿Te das cuenta de cómo Él es tu vida? ¿Podrías decirme exactamente cómo Él ha transformado tu diario vivir?

Mientras trabajamos juntos con las respuestas a estas preguntas, quiero que estés animado. Este es un esfuerzo que le apasiona a tu Salvador. Sus grandes logros, que tanto le costaron, no deben ser relegados a un curso introductorio que luego se guarda en un cajón junto con otros viejos recuerdos. No, el deber de todos los que nos beneficiamos de Su obra es meditar en ella constantemente y regocijarnos en ella todos los días de nuestra vida.

Así que pidámosle que nos ilumine ahora que nos embarcamos en nuestro viaje de regreso a Jerusalén, en busca del Hijo amado. A diferencia de Sus padres, no tendremos que buscar como locos. No, Él está esperándote con gozo y paciencia para recordarte Su amor, y para hacer que Su presencia sea lo más relevante de tu vida. Pasemos un tiempo pensando acerca de nuestro Salvador, y en cómo lo que Él ha hecho está destinado a ser la característica más significativa de nuestra fe y de la vida que le dedicamos a Él.

Parte uno

Cómo el amor de Dios transforma nuestra identidad

CAPÍTULO UNO

RECORDANDO SU AMOR

Porque tanto amó Dios al mundo, que dio a Su Hijo unigénito.

— JUAN 3:16

Antes de empezar, es vital que sepas hacia dónde vamos con este libro, así que, en caso de que te hayas saltado la introducción, por favor tómate un momento para leerla. ¡Gracias!

En este capítulo veremos el amor de Dios en el evangelio, y después vamos a considerar por qué es importante que lo recordemos. Sé que probablemente piensas que has escuchado todo esto antes. De hecho, asumo que ese es el caso. Sé que estas buenas noticias no serán nuevas noticias para ti. Aun así, te suplico que prestes mucha atención mientras recorremos este viejo camino una vez más, en busca de nuestro Salvador.

¿QUÉ ES EL AMOR DE DIOS Y POR QUÉ DEBERÍA IMPORTARME?

Cuando Forest Gump dijo humildemente: "Puede que no sea muy listo, Jenny, pero sí sé lo que es el amor", de alguna forma habló por todos nosotros, ¿no? Todos creemos saber lo que es el amor. Cada uno de nosotros tiene una definición propia del amor, no importa qué tan ingenuos o sofisticados seamos.

Aunque nuestras definiciones sean diferentes, este libro te recordará lo que es el amor *verdadero:* que se dio de forma sacrificial, que transforma poderosamente y que durará por toda la eternidad. En pocas palabras, el amor verdadero fue personificado de forma profunda y perfecta en Jesucristo, el Dios-Hombre que se encarnó, vivió una vida perfecta, fue ejecutado en una cruz romana, se levantó de los muertos y ascendió al cielo —en Su cuerpo humano— para allanarle el camino a los que amó. El amor verdadero fue personificado en el evangelio, y vivir a la luz de esta realidad es fundamental para nuestra transformación.

> Cuando no somos conscientes de las misericordias y privilegios que recibimos… eso nos hace vivir con pesadez, cuando podríamos estar gozándonos; y nos hace débiles, cuando podríamos ser fuertes en el Señor. (…) *Esta es la voluntad de Dios, que Él siempre sea visto como alguien bondadoso, amable, tierno, amoroso e inmutable. Que sea esto, entonces, lo primero que los santos piensen acerca del Padre —que Su amor por ellos es eterno y gratuito.* [1]

Es esencial que pensemos en el amor de Dios *hoy*, ya que es lo único que puede darnos el *gozo* que fortalecerá nuestros corazones; la *valentía* en nuestra lucha contra el pecado, y la *confianza* que nos llevará a entregarle nuestras vidas a Él para que pueda tratar poderosamente con nuestra incredulidad e idolatría. Si no estamos completamente convencidos de que Su amor es *nuestro ahora mismo* —completa e inalterablemente nuestro— siempre estaremos escondidos entre las sombras, enfocándonos en nuestro desempeño, temiendo Su ira. Será difícil orar porque no querremos acercarnos a Él o ser transparentes delante de Él. Compartir el evangelio será una tarea difícil, pues ¿quién querría hablar con otros acerca de un dios demandante, enojado o frío?

Si no nos esforzamos por vivir conscientemente a la luz de Su amor, el evangelio será secundario, prácticamente sin sentido, y Jesucristo llegará a ser insignificante. Nuestra fe se enfocará completamente en nosotros, en nuestro desempeño, en cómo percibimos nuestro avance, y nuestra transformación se verá obstaculizada.

¿Qué debemos recordar? Simplemente que Dios nos ama tanto que aplastó a Su Hijo para que fuéramos Suyos, y que Su amor no se basa en nuestro mérito o en nuestro desempeño. Su amor no cambia dependiendo del día. Se fijó en ti desde antes de la fundación del mundo. Dios nos ha hablado acerca de Su amor y del evangelio en Juan 3:16: "Porque tanto amó Dios al mundo, que dio a Su Hijo unigénito, para que todo el que cree en Él no se pierda, sino que tenga vida eterna". ¿Crees que ese amor puede transformar la forma en que vives hoy? Se supone que sí, pero ¿cómo funciona esto exactamente?

El evangelio... ¿de nuevo?

Sé que puedes estar pensando: "Ah sí, el amor de Dios y el evangelio... sí, sí, sé todo acerca de eso. Es cierto que amo esa historia, y es bueno recordarla para compartirla con mis amigos inconversos, pero si ya soy salvo, ¿no se supone que debería de pasar a otro nivel? Es decir, el evangelio es maravilloso para los que están empezando la vida cristiana, pero creo que ya lo entendí. Después de todo, ¡soy cristiano! ¿Quieres decir que hay algo más que debo considerar?". Sí, de hecho estoy diciendo que si olvidas centrarte en el amor de Dios por ti a través de Cristo, tu cristianismo pronto se reducirá a un programa de superación personal —uno de los muchos métodos que te ayudan a poner tu vida en orden. Y aunque eso suene bien, no tiene nada que ver con el verdadero cristianismo. El cristianismo no es un programa de superación personal; es el reconocimiento de que se necesita más que una mera superación personal. Se necesita *muerte y resurrección*:

predicar el evangelio, edificar sobre el evangelio, ser motivado por el evangelio, creer en el poder del evangelio y en el amor de un Redentor.

Para ilustrar lo que quiero decir en cuanto a nuestra necesidad de recordar el amor de Dios en el evangelio, hice una lista extensa de versículos que contienen este mensaje. Como asumo que ya estás familiarizado con estos pasajes, con su contexto y lo que significan, no los voy a explicar. Más bien, dejaré que te hablen directamente. Así que, por favor, resiste la tentación de solo echarles un vistazo porque crees que ya te los sabes. En lugar de esto, pídele al Espíritu que avive tu corazón por medio de estos versículos.

> Alabado sea Dios, Padre de nuestro Señor Jesucristo, que nos ha bendecido en las regiones celestiales con toda bendición espiritual en Cristo. Dios nos escogió en Él antes de la creación del mundo, para que seamos santos y sin mancha delante de Él. En amor nos predestinó para ser adoptados como hijos Suyos por medio de Jesucristo, según el buen propósito de Su voluntad, para alabanza de Su gloriosa gracia, que nos concedió en Su Amado (Ef 1:3-6).

> ... por la desobediencia de uno solo muchos fueron constituidos pecadores (Ro 5:19).

> De hecho, no hay distinción, pues todos han pecado y están privados de la gloria de Dios... (Ro 3:22-23).

> ... ¡por medio de ti serán bendecidas todas las familias de la tierra! (Gn 12:3).

> La actitud de ustedes debe ser como la de Cristo Jesús, quien, siendo por naturaleza Dios, no consideró el ser igual a Dios

como algo a qué aferrarse... haciéndose semejante a los seres humanos (Fil 2:5-7).

... su simiente te aplastará la cabeza, pero tú le morderás el talón (Gn 3:15).

¡Te saludo, tú que has recibido el favor de Dios! El Señor está contigo (Lc 1:28).

"No tengas miedo, María; Dios te ha concedido Su favor", le dijo el ángel. "Quedarás encinta y darás a luz un hijo, y le pondrás por nombre Jesús. Él será un gran hombre, y lo llamarán Hijo del Altísimo" (Lc 1:30-32).

... y, mientras estaban allí, se le cumplió el tiempo. Así que dio a luz a su hijo primogénito. Lo envolvió en pañales y lo acostó en un pesebre, porque no había lugar para ellos en la posada (Lc 2:6-7).

No tengan miedo. Miren que les traigo buenas noticias que serán motivo de mucha alegría para todo el pueblo. Hoy les ha nacido... un Salvador, que es Cristo el Señor (Lc 2:10-11).

... también por la obediencia de uno solo muchos serán constituidos justos (Ro 5:19).

Por último, les mandó a su propio hijo, pensando: "¡A mi hijo sí lo respetarán!" (Mt 21:37).

Porque nos ha nacido un niño, se nos ha concedido un Hijo; soberanía reposará sobre Sus hombros, y se le darán estos nombres:

Consejero admirable, Dios fuerte, Padre eterno, Príncipe de paz (Is 9:6).

Creció en Su presencia como vástago tierno, como raíz de tierra seca. No había en Él belleza ni majestad alguna; Su aspecto no era atractivo y nada en Su apariencia lo hacía deseable (Is 53:2).

Tú eres Mi Hijo amado; estoy muy complacido contigo (Lc 3:22).

Jesús tenía unos treinta años cuando comenzó Su ministerio. Era hijo, según se creía, de José... hijo de Adán, hijo de Dios (Lc 3:23, 38).

El Espíritu del Señor está sobre mí, por cuanto me ha ungido para anunciar buenas nuevas a los pobres. Me ha enviado a proclamar libertad a los cautivos y dar vista a los ciegos, a poner en libertad a los oprimidos, a pregonar el año del favor del Señor (Lc 4:18-19).

Despreciado y rechazado por los hombres, varón de dolores, hecho para el sufrimiento. Todos evitaban mirarlo; fue despreciado, y no lo estimamos (Is 53:3).

Vino a lo que era Suyo, pero los Suyos no lo recibieron (Jn 1:11).

... anduvo haciendo el bien y sanando a todos los que estaban oprimidos por el diablo, porque Dios estaba con Él (Hch 10:38).

Como levantó Moisés la serpiente en el desierto, así también tiene que ser levantado el Hijo del hombre, para que todo el que crea en Él tenga vida eterna (Jn 3:14-15).

Miren, Mí Siervo triunfará; será exaltado, levantado y muy enaltecido (Is 52:13).

"Tú eres el Cristo, el Hijo del Dios viviente", afirmó Simón Pedro. "Dichoso tú, Simón, hijo de Jonás", le dijo Jesús, "porque eso no te lo reveló ningún mortal, sino mi Padre que está en el cielo" (Mt 16:16-17).

¿Tanto tiempo llevo ya entre ustedes, y todavía no me conoces? (Jn 14:9).

¡Aléjate de Mí, Satanás! Quieres hacerme tropezar; no piensas en las cosas de Dios sino en las de los hombres (Mt 16:23).

… [Jesús] se rebajó voluntariamente, tomando la naturaleza de siervo (Fil 2:7).

… se quitó el manto y se ató una toalla a la cintura. Luego echó agua en un recipiente y comenzó a lavarles los pies a Sus discípulos y a secárselos con la toalla que llevaba a la cintura (Jn 13:4-5).

Ciertamente les aseguro que uno de ustedes me va a traicionar (Jn 13:21).

"Todos ustedes me abandonarán", les dijo Jesús, "porque está escrito: 'Heriré al Pastor, y se dispersarán las ovejas'" (Mr 14:27).

"Aunque tenga que morir contigo", insistió Pedro con vehemencia, "jamás te negaré". Y los demás dijeron lo mismo (Mr 14:31).

No se angustien (Jn 14:1).

"Es tal la angustia que me invade, que me siento morir", les dijo. "Quédense aquí y manténganse despiertos conmigo" (Mt 26:38).

Se postró sobre Su rostro y oró: "Padre mío, si es posible, no me hagas beber este trago amargo. Pero no sea lo que Yo quiero, sino lo que quieres Tú" (Mt 26:39).

¿No pudieron mantenerse despiertos conmigo ni una hora? (Mt 26:40).

Padre mío, si no es posible evitar que Yo beba este trago amargo, hágase Tu voluntad (Mt 26:42).

Cuando volvió, otra vez los encontró dormidos, porque se les cerraban los ojos de sueño (Mt. 26:43).

Miren, se acerca la hora, y el Hijo del hombre va a ser entregado en manos de pecadores (Mt 26:45).

… ¿con un beso traicionas al Hijo del hombre? (Lc 22:48).

"¡Despierta, espada, contra Mi pastor, contra el hombre en quien confío!", afirma el Señor Todopoderoso. "Hiere al pastor para que se dispersen las ovejas…" (Zac 13:7).

Entonces todos lo abandonaron y huyeron (Mr 14:50).

El que no escatimó ni a Su propio Hijo, sino que lo entregó por todos nosotros, ¿cómo no habrá de darnos generosamente, junto con Él, todas las cosas? (Ro 8:32).

Los jefes de los sacerdotes y el Consejo en pleno buscaban alguna prueba contra Jesús para poder condenarlo a muerte, pero no la encontraban (Mr 14:55).

"¿Eres el Cristo, el Hijo del Bendito?", le preguntó de nuevo el sumo sacerdote. "Sí, Yo soy", dijo Jesús (Mr 14:61-62).

"¿No eres tú también uno de los discípulos de ese hombre?", le preguntó la portera. "No lo soy", respondió Pedro (Jn 18:17).

Éste es el heredero. Matémoslo, para quedarnos con su herencia (Mt 21:38).

"¿Para qué necesitamos más testigos?", dijo el sumo sacerdote, rasgándose las vestiduras. "¡Ustedes han oído la blasfemia! ¿Qué les parece?". Todos ellos lo condenaron como digno de muerte. Algunos comenzaron a escupirle; le vendaron los ojos y le daban puñetazos. "¡Profetiza!" le gritaban. Los guardias también le daban bofetadas (Mr 14:63-65).

Muchos se asombraron de Él, pues tenía desfigurado el semblante; ¡nada de humano tenía Su aspecto! (Is 52:14).

Eres tú quien dice que soy Rey. Yo para esto nací, y para esto vine al mundo: para dar testimonio de la verdad. Todo el que está de parte de la verdad escucha Mi voz (Jn 18:37).

Los soldados llevaron a Jesús al interior del palacio (es decir, al pretorio) y reunieron a toda la tropa. Le pusieron un manto de color púrpura; luego trenzaron una corona de espinas, y se la colocaron. "¡Salve, Rey de los judíos!", lo aclamaban. Lo golpeaban en la cabeza con una caña y le escupían. Doblando la rodilla, le rendían homenaje (Mr 15:16-19).

Cuando salió Jesús, llevaba puestos la corona de espinas y el manto de color púrpura. "¡Aquí tienen al hombre!", les dijo Pilato (Jn 19:5).

Aquí tienen a su rey (Jn 19:14).

"¡Fuera! ¡Fuera! ¡Crucifícalo!", vociferaron. "¿Acaso voy a crucificar a su rey?", replicó Pilato. "No tenemos más rey que el emperador romano", contestaron los jefes de los sacerdotes. Entonces Pilato se lo entregó para que lo crucificaran, y los soldados se lo llevaron (Jn 19:15-16).

Después de burlarse de Él, le quitaron el manto y le pusieron Su propia ropa. Por fin, lo sacaron para crucificarlo (Mr 15:20).

Jesús salió cargando Su propia cruz hacia el lugar de la Calavera (que en arameo se llama Gólgota). Allí lo crucificaron, y con Él a otros dos, uno a cada lado y Jesús en medio (Jn 19:17-18).

Ciertamente Él cargó con nuestras enfermedades y soportó nuestros dolores, pero nosotros lo consideramos herido, golpeado por Dios, y humillado. Él fue traspasado por nuestras rebeliones, y molido por nuestras iniquidades; sobre Él recayó el castigo, precio de nuestra paz, y gracias a Sus heridas fuimos sanados. Todos andábamos perdidos, como ovejas; cada uno seguía su propio camino, pero el Señor hizo recaer sobre Él la iniquidad de todos nosotros (Is 53:4-6).

Te aseguro que hoy estarás conmigo en el paraíso (Lc 23:43).

Maltratado y humillado, ni siquiera abrió Su boca; como cordero, fue llevado al matadero; como oveja, enmudeció ante Su trasquilador; y ni siquiera abrió Su boca. Después de aprehenderlo y juzgarlo, le dieron muerte; nadie se preocupó de Su descendencia. Fue arrancado de la tierra de los vivientes, y golpeado por la transgresión de mi pueblo. Pero el Señor quiso quebrantarlo y hacerlo sufrir, y como Él ofreció Su vida en expiación, verá Su descendencia y prolongará Sus días, y llevará a cabo la voluntad del Señor (Is 53:7-8,10).

Mujer, ahí tienes a tu hijo (Jn 19:26).

Dios mío, Dios mío, ¿por qué me has desamparado? (Mt 27:46).

Tengo sed (Jn 19:28).

¡Padre, en Tus manos encomiendo Mi espíritu! (Lc 23:46).

Todo se ha cumplido (Jn 19:30).

Ahora bien, si hemos muerto con Cristo, confiamos que también viviremos con Él (Ro 6:8).

¡Verdaderamente este hombre era el Hijo de Dios! (Mr 15:39).

Sino que uno de los soldados le abrió el costado con una lanza, y al instante le brotó sangre y agua (Jn 19:34).

En Él tenemos la redención mediante Su sangre, el perdón de nuestros pecados, conforme a las riquezas de la gracia que Dios nos dio en abundancia con toda sabiduría y entendimiento (Ef 1:7-8).

Y al manifestarse como hombre, se humilló a Sí mismo y se hizo obediente hasta la muerte, ¡y muerte de cruz! (Fil 2:8).

Dios es el que justifica (Ro 8:33).

¡Dichosos aquellos a quienes se les perdonan las transgresiones y se les cubren los pecados! ¡Dichoso aquel cuyo pecado el Señor no tomará en cuenta! (Ro 4:7-8).

Verdaderamente este hombre era justo (Lc 23:47).

Al que no cometió pecado alguno, por nosotros Dios lo trató como pecador, para que en Él recibiéramos la justicia de Dios (2Co 5:21).

A la verdad, como éramos incapaces de salvarnos, en el tiempo señalado Cristo murió por los malvados. (…) Pero Dios demuestra Su amor por nosotros en esto: en que cuando todavía éramos pecadores, Cristo murió por nosotros. Y ahora que hemos sido justificados por Su sangre, ¡con cuánta más razón, por medio de Él, seremos salvados del castigo de Dios! Porque si, cuando éramos enemigos de Dios, fuimos reconciliados con Él mediante la muerte de Su Hijo, ¡con cuánta más razón, habiendo sido reconciliados, seremos salvados por Su vida! (Ro 5:6, 8-10).

José tomó el cuerpo, lo envolvió en una sábana limpia y lo puso en un sepulcro nuevo de su propiedad que había cavado en la roca. Luego hizo rodar una piedra grande a la entrada del sepulcro, y se fue (Mt 27:59-60).

Se le asignó un sepulcro con los malvados, y murió entre los malhechores… (Is 53:9).

… pues ustedes han muerto y su vida está escondida con Cristo en Dios (Col 3:3).

"No se asusten", les dijo. "Ustedes buscan a Jesús el nazareno, el que fue crucificado. ¡Ha resucitado! No está aquí. Miren el lugar donde lo pusieron" (Mr 16:6).

En otro tiempo ustedes estaban muertos en sus transgresiones y pecados… Pero Dios, que es rico en misericordia, por Su gran amor por nosotros, nos dio vida con Cristo, aun cuando estábamos muertos en pecados. ¡Por gracia ustedes han sido salvados! (Ef 2:1, 4-5).

Confiamos que también viviremos con Él. Pues sabemos que Cristo, por haber sido levantado de entre los muertos, ya no puede volver a morir; la muerte ya no tiene dominio sobre Él. En cuanto a Su muerte, murió al pecado una vez y para siempre; en cuanto a Su vida, vive para Dios (Ro 6:8-10).

¿Por qué lloras, mujer? ¿A quién buscas? (Jn 20:15).

Por lo tanto, ya no hay ninguna condenación para los que están unidos a Cristo Jesús… (Ro 8:1).

María… (Jn 20:16).

¿Quién nos apartará del amor de Cristo? (…) Pues estoy convencido de que ni la muerte ni la vida, ni los ángeles ni los demonios, ni lo presente ni lo por venir, ni los poderes, ni lo alto ni lo profundo, ni cosa alguna en toda la creación, podrá apartarnos del amor que Dios nos ha manifestado en Cristo Jesús nuestro Señor (Ro 8:35, 38-39).

¡*Raboni*! (Jn 20:16).

… no lo creeré… (Jn 20:25).

… Cristo murió por nuestros pecados… (1Co 15:3).

¡La paz sea con ustedes! (Jn 20:26).

… fue sepultado… (1Co 15:4).

Y no seas incrédulo, sino hombre de fe (Jn 20:27).

… resucitó… (1Co 15:4).

¡Señor mío y Dios mío! (Jn 20:28).

… se apareció… (1Co 15:5).

… dichosos los que no han visto y sin embargo creen (Jn 20:29).

Habiendo dicho esto, mientras ellos lo miraban, fue llevado a las alturas hasta que una nube lo ocultó de su vista (Hch 1:9).

¿Quién condenará? Cristo Jesús es el que murió, e incluso resucitó, y está a la derecha de Dios e intercede por nosotros (Ro 8:34).

... tenemos ante el Padre a un intercesor, a Jesucristo, el Justo (1Jn 2:1).

... donde está Cristo sentado a la derecha de Dios (Col 3:1).

... Dios nos resucitó y nos hizo sentar con Él en las regiones celestiales, para mostrar... la incomparable riqueza de Su gracia, que por Su bondad derramó sobre nosotros en Cristo Jesús (Ef 2:6-7).

Y ustedes no recibieron un espíritu que de nuevo los esclavice al miedo, sino el Espíritu que los adopta como hijos y les permite clamar: "¡*Abba*! ¡Padre!" (Ro 8:15).

Por eso Dios lo exaltó hasta lo sumo y le otorgó el nombre que está sobre todo nombre, para que ante el nombre de Jesús se doble toda rodilla en el cielo y en la tierra y debajo de la tierra, y toda lengua confiese que Jesucristo es el Señor, para gloria de Dios Padre (Fil 2:9-11).

A los que predestinó, también los llamó; a los que llamó, también los justificó; y a los que justificó, también los glorificó (Ro 8:30).

El reino del mundo ha pasado a ser de nuestro Señor y de Su Cristo, y Él reinará por los siglos de los siglos (Ap 11:15).

Luego vi el cielo abierto, y apareció un caballo blanco. Su jinete se llama Fiel y Verdadero. Con justicia dicta sentencia y hace la guerra. Sus ojos resplandecen como llamas de fuego, y muchas diademas ciñen Su cabeza. Lleva escrito un nombre que nadie conoce sino sólo Él. Está vestido de un manto teñido en sangre, y Su nombre es "el Verbo de Dios" (Ap 19:11-13).

Cuando Cristo, que es la vida de ustedes, se manifieste, entonces también ustedes serán manifestados con Él en gloria (Col 3:4).

Luego el ángel me mostró un río de agua de vida, claro como el cristal, que salía del trono de Dios y del Cordero... Ya no habrá maldición. El trono de Dios y del Cordero estará en la ciudad. Sus siervos lo adorarán; lo verán cara a cara, y llevarán Su nombre en la frente. Ya no habrá noche; no necesitarán luz de lámpara ni de sol, porque el Señor Dios los alumbrará. Y reinarán por los siglos de los siglos (Ap 22:1, 3-5).

¿Qué diremos frente a esto? Si Dios está de nuestra parte, ¿quién puede estar en contra nuestra? (...) ¿Quién acusará a los que Dios ha escogido? Dios es el que justifica (Ro 8:31, 33).

Pero el Señor quiso quebrantarlo y hacerlo sufrir, y como Él ofreció Su vida en expiación, verá Su descendencia y prolongará Sus días, y llevará a cabo la voluntad del Señor. Después de Su sufrimiento, verá la luz y quedará satisfecho; por Su conocimiento mi siervo justo justificará a muchos, y cargará con las iniquidades de ellos. Por lo tanto, le daré un puesto entre los grandes, y repartirá el botín con los fuertes, porque derramó Su vida hasta la muerte, y fue contado entre los transgresores. Cargó con el pecado de muchos, e intercedió por los pecadores (Is 53:10-12).

En Cristo también fuimos hechos herederos, pues fuimos predestinados según el plan de Aquel que hace todas las cosas conforme al designio de Su voluntad, a fin de que nosotros, que ya hemos puesto nuestra esperanza en Cristo, seamos para alabanza de Su gloria. En Él también ustedes, cuando oyeron el mensaje de la verdad, el evangelio que les trajo la salvación, y lo creyeron, fueron marcados con el sello que es el Espíritu Santo prometido. Este garantiza nuestra herencia hasta que llegue la redención final del pueblo adquirido por Dios, para alabanza de Su gloria (Ef 1:11-14).

Por esta razón me arrodillo delante del Padre... Y pido que, arraigados y cimentados en amor, puedan comprender, junto con todos los santos, cuán ancho y largo, alto y profundo es el amor de Cristo; en fin, que conozcan ese amor que sobrepasa nuestro conocimiento, para que sean llenos de la plenitud de Dios (Ef 3:14, 17-19).

Así manifestó Dios Su amor entre nosotros: en que envió a Su Hijo unigénito al mundo para que vivamos por medio de Él. En esto consiste el amor: no en que nosotros hayamos amado a Dios, sino en que Él nos amó y envió a Su Hijo para que fuera ofrecido como sacrificio por el perdón de nuestros pecados (1Jn 4:9-10).

Y, cuando todo le sea sometido, entonces el Hijo mismo se someterá a Aquel que le sometió todo, para que Dios sea todo en todos (1Co 15:28).

¡A Él sea la gloria en la iglesia y en Cristo Jesús por todas las generaciones, por los siglos de los siglos! Amén (Ef 3:21).

Hora de chequear tu corazón

Por favor, detente para que puedas reflexionar por un momento. ¿Qué pensabas mientras leías los versículos anteriores? Permíteme sugerir algunas posibilidades:

- *Bla, bla, bla.* Ya he escuchado esto miles de veces, quizás no de esta manera, pero igual miles de veces. Necesito algo nuevo, quizás algunos pasos concretos que me ayuden a cambiar, no lo mismo de siempre… Sé que debería transformarme, pero no veo cómo.
- *¡¿Otra vez?!* Sé que debería estar agradecido por el amor de Dios por mí, pero la verdad es que me siento demasiado culpable. Esta historia no me recuerda Su amor por mí, solo me recuerda la forma en que siempre le fallo. Francamente, esta historia me aterra.
- *Eso me recuerda…* Sé que hubo un tiempo en el que esa historia conmovía mi corazón y me llenaba de gratitud, pero hace años que eso no sucede. Ya me voy a poner las pilas. De verdad.
- *Soy diferente a los demás.* Antes valoraba esa historia, pero he tenido una vida difícil. Supongo que sé que Jesús me ama, pero necesito una persona con brazos reales que me abrace y alivie mi dolor. El amor de Dios es muy bonito, pero no es lo suficiente real para mí en estos momentos.
- *He tratado de vivir la vida que sé que Dios quiere que viva, pero no he podido.* En verdad, no veo cómo la historia del amor de Dios en Cristo tiene que ver con mi lucha con la preocupación (o las apuestas, la glotonería, la pornografía, el orgullo o los chismes). Estoy buscando algo que me haga una mejor persona para dejar de lastimar a la gente y vivir una vida sana y productiva.
- *Lo siento, estoy demasiado ocupado para leer. ¿Me puedes dejar un mensaje? ¡Tengo que irme!*

¿Te identificas con alguna de esas respuestas? Admito que a veces me cuesta conectar el amor de Dios con mi vida diaria. Me esfuerzo continuamente, pero no logro asimilar que Su amor en Cristo es todo lo que necesito, y que el evangelio debe afectar cada una de mis decisiones, acciones y palabras.

Si te viste reflejado en alguna de las respuestas anteriores, no eres el único. A menos que seamos muy intencionales en meditar en estas verdades, se escapan de nuestras mentes como sueños brumosos que se evaporan con la luz de la mañana. Es por eso que Lutero dijo que teníamos que asegurarnos de "abrazar... el amor y la bondad de Dios... [y de] ejercitar diariamente [nuestra] fe en Él, nunca dudando del amor de Dios y de Su bondad".[2]

He escrito este libro porque el entendimiento de la realidad del amor de Dios nos ayudará a responder todas las preguntas que tengamos acerca de Él y de nosotros. Nos dirá quiénes somos, por qué estamos aquí, y cómo se supone que debemos hacer lo que se supone que debemos hacer. Disfrutar del amor de Dios nos transformará por completo, incluyendo lo que somos, nuestra identidad. Este amor se nos ilustra en la Escritura, y particularmente en la historia que llamamos "el evangelio".

Ah, y algo más que debes saber. Estaré usando el término *evangelio* muy frecuentemente en este libro, así que quiero definirlo ahora. La lista de versículos fue una especie de resumen del evangelio. Es la encarnación, vida perfecta, muerte sustitutiva, sepultura, resurrección corporal, ascensión y Reino eterno del Hijo de Dios, Jesucristo. Voy a estar utilizando el término *evangelio* como resumen de todas estas verdades, y también voy a ayudarte a ver cómo dichas verdades deben impactar visiblemente cada faceta de tu vida hoy.

Así que, ya que tienes una idea de hacia donde nos dirigimos, permíteme darte unas palabras de ánimo. Si estás en Cristo, la promesa de Dios en cuanto a tu relación con Él y tu identidad en Él está arraigada en Su amor eterno: *Te he amado tanto que envié a Mi Hijo amado para atraerte hacia Mí, para que creyendo esto pudieras tener una relación eterna conmigo. Yo seré tu Dios, tú serás Mi hijo. Descansa y regocíjate en todo lo que Mi amor ha hecho para transformarte.* Si no estás seguro de ser cristiano, ¿podrías pasar al Apéndice en este momento? Así entenderás lo que quiero decir cuando hablo del amor de Dios por nosotros y de cuál debería ser nuestra respuesta. ¡Gracias!

En el capítulo 2, comenzaremos a hablar acerca del amor extraordinario de Dios, empezando por una descripción de quienes somos y de cómo Su amor le da forma a lo que llamamos "nuestra identidad". Mientras tanto, aquí está un recordatorio de la profundidad de Su amor por nosotros: "En esto consiste el amor: no en que nosotros hayamos amado a Dios, sino en que Él nos amó y envió a Su Hijo para que fuera ofrecido como sacrificio por el perdón de nuestros pecados" (1Jn 4:10). ¿Quiénes somos? Somos personas que están siendo transformadas por Su amor.

Entendiendo cómo el amor de Dios transforma tu identidad y tu vida

Al final de cada capítulo encontrarás preguntas que te retarán. También te sugeriré más lecturas bíblicas que te ayudarán a entender las verdades presentadas. Por favor, planifica tomarte el tiempo para hacer este trabajo práctico, pues el propósito de este libro no es solo darte información, sino que tu corazón y tu vida sean transformados. Estos ejercicios prácticos te ayudarán mientras cooperas con el propósito del Espíritu en esta búsqueda. También puedes reunirte con uno o dos amigos para estudiar este libro y responder las preguntas juntos.

1. Al empezar este estudio, ¿tienes algunas esperanzas o expectativas?
2. "Si no estamos completamente convencidos de que Su amor es *nuestro ahora mismo —completa e inalterablemente nuestro—* siempre estaremos escondidos entre las sombras, enfocándonos en nuestro desempeño, temiendo Su ira". ¿Estás de acuerdo o en

desacuerdo con esta declaración? ¿Qué tan a menudo piensas en el amor de Dios por ti, específicamente a la luz del evangelio? ¿Simplemente lo asumes?

3. Cita Juan 3:16. ¿Es una verdad que afecta tu vida diaria?
4. Mi argumento para este libro es que muchos de nosotros estamos tan enfocados en vivir la vida cristiana que hemos olvidado a Jesús. ¿Estás de acuerdo o en desacuerdo? Explica tu respuesta.
5. Resume en cuatro o cinco oraciones lo que aprendiste en este capítulo.

CAPÍTULO DOS

OLVIDANDO NUESTRA IDENTIDAD

*Precisamente por eso, esfuércense por añadir a su fe...;
el que no las tiene es tan corto de vista que ya ni ve,
y se olvida de que ha sido limpiado de sus antiguos pecados.*

— 2 PEDRO 1:5, 9

Antes de su muerte en 1963, el Pastor A. W. Tozer predicó una serie de sermones llamando a su iglesia a adoptar una alabanza más centrada en Dios. En el cuarto mensaje, tocó un tema inusual:

> Una de las más grandes tragedias que encontramos, aun en la era más informada de todas las eras, es el hecho de que millones de hombres y mujeres nunca llegan a descubrir por qué nacieron.
>
> Niéguenlo si quieren —y algunos lo harán— pero donde quiera que haya humanos en este mundo, hay personas que están sufriendo de una especie de amnesia que es deprimente y que les deja sin

esperanza. Les obliga a gritar, ya sea en su interior o con frustración audible, "¡ni siquiera sé por qué nací!".[1]

Sigamos recordando el amor de Dios por nosotros en el evangelio al considerar una condición que he llamado "amnesia de identidad"[2]. Aunque nunca se oye hablar de tal diagnóstico, creo que la amnesia de identidad es una epidemia en nuestras iglesias, y que se puede diagnosticar fácilmente si conoces los síntomas. Podemos ver esta epidemia en libros cristianos serios que se enfocan en ayudarnos a mejorar nuestro comportamiento, ya sea nuestra disciplina, nuestras habilidades comunicativas, o aun hasta cómo vencer el pecado, sin hacer mucha referencia al amor de Dios por nosotros o a Su obra continua en nosotros. La vemos en los himnos y coros que cantamos, en los cuales declaramos nuestra determinación de seguir a Cristo sin mencionar Su determinación de capacitarnos para hacerlo. Podemos notarla en la sorprendente ausencia del evangelio en un sermón (aparte de la invitación que se hace a los incrédulos).[3] Estos llamados a una vida piadosa son como casas construidas sobre las nubes: se ven muy bonitas, pero no tienen fundamento.

En lugar de comenzar con nuestras obligaciones para con el Señor (¡y sí creo que las tenemos!), lo cual hacen muchos autores, voy a comenzar con nuestra perspectiva en cuanto quiénes somos —nuestra *identidad*— porque el amor de Dios primero transforma nuestros corazones para después cambiar nuestro comportamiento. Es cierto que Él transforma nuestro comportamiento externo (en lo que usualmente nos enfocamos), pero esta transformación empieza con la renovación de nuestro interior. Si no reconocemos Su obra de amor, la que ya ha hecho y la que sigue haciendo, no tendremos el coraje o la fuerza que necesitamos para pelear contra el pecado de la forma en que Él nos llama a hacerlo. No tendremos la fe para seguir diciendo: "Sí, Señor", a menos que descansemos seguros en el "sí" eterno que Él nos ha dado.

El Señor comienza Su obra transformadora en nosotros preparando un fundamento totalmente nuevo sobre el cual se construye nuestro comportamiento externo. Esta transformación interna de nuestra identidad —la realidad de que Él creó, recreó y sostiene nuestro interior — es la que solemos olvidar cuando nos esforzamos por vivir la vida cristiana. Y es en nuestro interior —en nuestra identidad, motivaciones, afectos y confianza— que las verdades del evangelio son más cruciales.

En respuesta al amor de Dios por nosotros, el Espíritu nos cambia por dentro y por fuera. Nos hace profundamente nuevos. Cambia todo acerca de nosotros, dándonos nuevas respuestas a las preguntas fundamentales de la vida, como: "¿Quién soy?", y: "¿Para qué nací?". En esencia, estas preguntas tienen que ver con nuestra identidad, y creo que muchos de nosotros estamos sufriendo de amnesia, incluso los que decimos creer en la gracia salvífica de Jesucristo. De nuevo, estoy segura de que podrías contestar estas preguntas fundamentales bíblicamente: "¿Quién soy? ¡Soy un hijo de Dios!"; "¿Para qué nací? ¡Para servirle!". Mi premisa, sin embargo, es que aunque nos sabemos estas respuestas básicas, no entendemos cómo estas respuestas se conectan con nuestra vida diaria.

Pero ¡si no me he olvidado de quién soy!

Déjame asegurarte que, de hecho, asumo que sí recuerdas toda la información acerca de quién eres y que quizás hasta sabes por qué estás en el mundo de Dios. Cuando digo que tenemos amnesia, no quiero decir que no podemos contestar preguntas básicas. Lo que estoy diciendo es que muchos de nosotros estamos sufriendo de *amnesia espiritual*; una amnesia que ha nublado nuestra verdadera identidad, la que tenemos en el evangelio.

Déjame ayudarte un poco más. Lo que yo llamo amnesia espiritual quizás se pueda entender mejor de esta manera: *aunque creemos en el evangelio, las ocasiones en que el evangelio (la encarnación, vida perfecta, muerte, resurrección corporal y ascensión del Hijo de Dios) realmente impacta y afecta poderosamente nuestra vida diaria son escasas.* Afirmamos estas preciosas verdades de la Biblia, pero frecuentemente nos encontramos viviendo más como ateos —nada diferente a nuestros vecinos inconversos— con la excepción de que nuestros garajes están vacíos los domingos por la mañana. Nos olvidamos de quién es Él, de lo que ha hecho; realmente no sabemos por qué importa. Debido a esto, nos olvidamos de quiénes somos y de cómo Él nos ha llamado a vivir. Nos olvidamos de las verdades del evangelio en cuanto a:

- Nuestra individualidad: ¿Quiénes somos como individuos? ¿Qué nos hace únicos? ¿Cómo podemos conocernos a nosotros mismos; es decir, cómo conocemos las realidades de lo que verdaderamente somos? ¿Debería de importarnos? ¿Por qué?
- Nuestras relaciones: ¿A quién le pertenecemos? ¿Cómo podemos saber que no estamos solos? ¿Hay alguien que nos ama y que desea acogernos?
- Nuestro propósito: ¿Para qué estamos aquí? ¿Para qué nacimos? ¿Qué le da propósito a nuestra existencia?
- Nuestra permanencia: ¿Cómo podemos asegurarnos de que hay más en nuestra vida que solo unos cuantos años que pasamos "inquietos hasta que morimos"?[4] ¿Hay algo más? ¿Realmente importa lo que hacemos aquí, en este momento tan imperceptible? ¿Tiene la historia de nuestra vida algún significado eterno?
- Nuestra falibilidad: ¿Hay alguna garantía duradera de que nuestros pecados, debilidades y fracasos han sido perdonados? ¿Cómo podemos aquietar nuestros corazones cuando vemos nuestras propias hipocresías y autocomplacencias? ¿Cómo podemos vivir con nuestra propia deshonestidad al proclamar nuestro deseo de amar

a Dios y a otros mientras los hacemos a un lado y competimos por un puesto, por mayor comodidad y por reconocimiento?

Así que la primera pregunta que quiero hacerles en este momento es: ¿Sabes quién eres? Te la digo de otra manera: Específicamente, ¿cómo te ha definido o moldeado el evangelio? La mayoría de los cristianos saben que el evangelio debe afectar sus vidas diarias de una forma significativa, pero aparte de tener un entendimiento básico de que de alguna forma le pertenecen a Dios y de que van al cielo, no ven la importancia de la encarnación, de la resurrección, ni de la ascensión. La mayoría de nosotros probablemente tenemos alguna idea de lo que significan palabras como elección, justificación, redención, reconciliación, propiciación, santificación y glorificación; pero si somos honestos, no nos parece que tengan mucho que ver con pañales sucios, cáncer o huracanes. A pesar de que muchos de nosotros amamos y creemos las buenas noticias acerca de Jesucristo, raramente las aplicamos a nuestras vidas particulares.

¿Qué has estado tomando?

Una forma muy común de amnesia física es causada por el consumo excesivo de alcohol. Cuando una persona toma hasta el punto de emborracharse, es probable que olvide lo que ha hecho o aun hasta cómo llegó a su casa. De la misma forma, creo que muchos de nosotros tenemos amnesia espiritual por lo que hemos estado tomando. Creo que todos hemos bebido tanto de la fuente de la sabiduría mundana, que es común que se nos olvide cómo las verdades que oímos cada domingo en la iglesia se aplican a nuestra vida diaria. Sí, estamos de acuerdo con esas verdades, pero como ya estamos tan llenos de las filosofías del mundo, no logramos hacer las conexiones importantes que forman nuestra identidad espiritual. En lugar de esto, lo poco que retenemos en nuestra memoria a corto plazo pronto se ahoga en el pantano de ideas, creencias y deseos que el mundo nos ha vendido.

Para ayudarte a entender lo que quiero decir, déjame darte un ejemplo. Imaginemos que acabas de escuchar un increíble sermón acerca de Juan 3:16 y del amor de Dios en Cristo. Escuchaste de la necesidad de aceptar este magnífico amor con todo tu corazón, y respondiste con un fuerte "¡amén!". Ahora, adelantémonos rápidamente hasta el domingo por la tarde, después de que te has quitado la ropa de la iglesia, se ha cerrado la puerta del garaje y ya la familia puede volver a ser lo que es *realmente*. ¿Puedes imaginarte enojado, consumido por la autocompasión, o preocupado porque descubriste que no fuiste invitado a la fiesta del año, o porque tus hijos te hablaron irrespetuosamente frente al pastor, o porque tu equipo favorito de fútbol está perdiendo, o porque se te olvidó encender el horno y la comida no se cocinó como debía mientras estabas en la iglesia?

La mayoría de nosotros vemos el amor de Dios y el evangelio como temas elementales que sirven para llevarnos hasta la puerta de la fe, y lo son. Pero se nos ha olvidado que estas verdades también están destinadas a transformarnos en cada momento de cada día —cuando estamos viendo a nuestro equipo favorito perder el partido, cuando el guisado está igual de crudo que como lo dejamos cuando salimos para la iglesia, cuando somos tentados a pensar que nadie nos ama y que no servimos para nada.

Si no te cuesta imaginarte algunos de los escenarios anteriores, entonces estás sufriendo de amnesia espiritual. Esta incoherencia entre lo que decimos creer —*mi identidad es que he sido inmensurablemente amada por Dios y que estoy unida a Él*— y lo que creemos en la práctica —*mi identidad y valor propio lo determinan mi popularidad, el respeto que obtenga de los demás, mis méritos y mis riquezas*— la provocamos nosotros mismos al emborracharnos con la "sabiduría" de este mundo. En lugar de embriagarnos con la gracia, la misericordia y el Espíritu de

Dios (Ef 5:18), estamos tambaleando bajo la idea equivocada de que en verdad necesitamos amarnos, aceptarnos y respetarnos a nosotros mismos para sobrevivir. Nos hemos creído que lo más importante es nuestro éxito o comodidad. Nos hemos colocado en el centro de nuestras vidas, y el amor de Dios y el evangelio quedan en último lugar, después de las invitaciones a banquetes, del respeto de los amigos, de los campeonatos de fútbol y de los estómagos llenos. Nos creemos la mentira de que estas cosas demuestran el amor de Dios por nosotros, y esto es porque nos hemos olvidado del Cordero que quita todo pecado.

Estas son solo algunas de las maneras (entre millones como estas) en que olvidamos quiénes somos: hombres y mujeres incalculablemente pecadores, amados inmensamente por un Dios que es infinitamente santo. También se nos olvida la forma en que somos llamados a responder: en obediencia y agradecimiento. No respondemos de esa manera porque se nos ha olvidado el consuelo del evangelio: hemos sido acogidos, purificados y hechos aceptables por la intervención directa y amorosa de Dios. Por tanto, caemos en la trampa de creer que tenemos que pelear por lo que creemos que necesitamos. Todo lo que se tenía que hacer por nosotros, ha sido hecho. No tenemos que pelear para ganarnos Su amor y Su aceptación.

¿Qué se te ha olvidado y cómo lo sabrías?

En la segunda epístola de Pedro, él hace una lista de las características que marcan la vida de un creyente: fe, virtud, entendimiento, dominio propio, constancia, devoción a Dios, afecto fraternal y amor. Luego hace una declaración interesante, diciendo que "el que no las tiene es tan corto de vista que ya ni ve, y se olvida de que ha sido limpiado de sus antiguos pecados" (2P 1:9).

Pedro está diciendo que una de las razones por las que no crecemos en obediencia y agradecimiento es porque tenemos amnesia;

nos hemos olvidado de que fuimos limpiados de nuestros pecados. En otras palabras, él está diciendo que el fracaso continuo en la santificación (el proceso lento de cambio que nos lleva a parecernos a Cristo) es el resultado directo de no recordar el amor de Dios por nosotros en el evangelio. Si no contamos con el consuelo y la seguridad que vienen de entender Su amor y Su perdón, nuestros fracasos nos atarán a los pecados del pasado, y no tendremos la fe, el valor, ni la capacidad para luchar contra ellos. Por favor, nota la importancia de la declaración de Pedro. *Si no recordamos nuestra justificación, redención y reconciliación, tendremos problemas con nuestra santificación.*

Si al evaluar tu vida notas que tu crecimiento se ha estancado, si no ves un aumento considerable de tu fe, virtud, entendimiento, dominio propio, constancia, devoción a Dios, afecto fraternal y amor, Pedro dice que es porque te has olvidado del evangelio, de que *Cristo murió para limpiarte del pecado*. Dice que te has vuelto miope; solo puedes ver lo que está justo enfrente de ti. Te ha sobrevenido una ceguera espiritual que te impide ver a tu Salvador, quien está allí mismo, delante de tus ojos. Por ejemplo, ¿cómo puede crecer nuestra *fe* si todo lo que vemos ante nosotros es nuestro registro de fracasos? Si no asimilamos el amor de Dios por nosotros en el evangelio, no tendremos la fe necesaria para luchar en contra de la tentación, y aunque seremos conscientes de que tenemos que esforzarnos por mejorar, realmente no creeremos que el cambio es posible. También dudaremos de Su amor hacia nosotros y nos preguntaremos por qué no nos da lo que creemos que necesitamos. Nos sentiremos abandonados en medio de esta batalla; no veremos a nuestro Capitán guiándonos.

Nuestra *virtud* o excelencia moral también crecerá en la misma medida en que crezca nuestra apreciación por el hecho de que hemos sido limpiados, perdonados y amados. Estas verdades fortalecerán nuestro deseo de hacer que el evangelio se vea glorioso ante los ojos del mundo que nos observa. ¡Nuestras luces brillarán! ¿Por qué? Porque hemos sido tan amados por nuestro Padre celestial, que veremos aquellas cosas que antes nos seducían como las patéticas falsificaciones que realmente son. Seremos hombres y mujeres apasionados por nuestro Salvador.

Creceremos en nuestro *entendimiento* de Él y en nuestra familiaridad con Él, porque no temeremos acercarnos a Él. De hecho, estudiar Su Palabra y estar en comunión con Él será nuestro deleite, ya que habremos visto Su hermosura y experimentado Su bondad. Conoceremos a Jesús en Su amor, y ese conocimiento nos hará fuertes, razón por la que Pablo oró que los Efesios pudieran comprender lo incomprensible: la magnitud del amor de Su Padre (Ef 3:18-19).

Tendremos más *dominio propio* porque los ídolos que solían alejarnos de Él habrán perdido su poder sobre nosotros. Recuerda, no se necesita mucho domino propio cuando entendemos que nuestra obediencia y servicio es para Aquel que nos ha amado tanto que sacrificó Su relación más preciada para hacernos Suyos. Empezaremos a verlo como alguien tan maravilloso que nos encantará hacerle sonreír.

Nuestra *constancia* crecerá en la medida en que descansemos en la inmutabilidad de Su amor por nosotros. Especialmente en esos momentos en que enfrentemos pruebas y sufrimientos, cuando la tentación a darnos por vencidos sea más fuerte, no seremos cegados por nuestro dolor sino que veremos que Él permanece fielmente a nuestro lado, intercediendo por nosotros, y nuestra fe no fallará.

Desearemos ser *devotos a Dios* porque desearemos ser como Él; nuestros deseos serán transformados cuando nuestros ojos estén puestos en Su santidad. ¿Por qué querríamos ofender al que nos amó tanto que, por medio de Su vida y muerte, nos limpió sacrificialmente del pecado?

Experimentaremos *afecto* por nuestros hermanos porque les veremos como personas que han sido amadas igual que nosotros. Nuestra ambición, egoísmo e impaciencia serán vencidos por la humildad y el asombro de que nos haya amado tanto y haya sufrido tanto por nosotros, y con gusto recibiremos y serviremos a todos aquellos que son amados por nuestro Padre (Ro 15:7).

Y, finalmente, amaremos porque seremos conscientes de que hemos sido amados. El tipo de amor al que Dios nos ha llamado es de naturaleza responsiva; no lo podemos fabricar nosotros mismos. Amaremos a Dios porque Él nos ha amado primero, y Su maravilloso amor rebosará sobre los demás en nuestras vidas (1Jn 4:8-9). Estas verdades del evangelio no son insignificantes, ni son solo para principiantes. De hecho, Pablo escribe:

> Hermanos, quiero recordarles el evangelio que les prediqué, *el mismo que recibieron y en el cual se mantienen firmes. Mediante este evangelio son salvos*…Porque ante todo les transmití a ustedes lo que yo mismo recibí: que Cristo murió por nuestros pecados (1Co 15:1-3).

El mensaje del evangelio —han sido limpiados del pecado— es la máxima expresión de la obra amorosa de Dios en el mundo, y así como esta obra es la que nos salva, también es la que nos transforma y nos sostiene. El evangelio es el mensaje que debe prevalecer durante toda nuestra vida. No debe ser olvidado junto con las noticias de ayer o guardado con las fotos borrosas de nuestros primeros pasos en Cristo. La muerte de Jesús nos limpia del pecado, pero también nos garantiza nuestra transformación a Su imagen. Esta transformación ocurre, escribe Pablo, mientras le miramos fijamente, pensamos en Él, y meditamos en Él de la forma en que se nos ha revelado en el evangelio. "Así, todos nosotros, que con el rostro descubierto *reflejamos como en un espejo la gloria del Señor, somos transformados* a Su semejanza con más y más gloria por la acción del Señor" (2Co 3:18). Contempla Su gloria en el evangelio y serás transformado.

Es una amnesia voluntaria

Entonces, si todo esto es cierto, ¿por qué muchos de nosotros dejamos de abrazar el evangelio diariamente? ¿Por qué nos hemos olvidado del evangelio? ¿Somos simplemente inocentes con mala memoria? Es posible que para algunos de nosotros la clave de nuestra amnesia tenga que ver con una ignorancia básica. Quizás nunca se nos ha enseñado que el evangelio sigue siendo importante para nosotros ahora que somos salvos. Pero aunque este fuera el caso, aun si nunca hubiéramos oído esto antes, en nuestros corazones también hay una sed insaciable por palabras y creencias que nos tranquilizan, nos halagan y nos engrandecen. En lugar de recibir humildemente el amor misericordioso de nuestro Padre y depender diariamente de Él, queremos creer que realmente podemos mejorarnos a nosotros mismos. Queremos aprobar nuestro récord; creemos que si nos esforzamos lo suficiente, seremos exitosos. El amor de Dios es maravilloso a primera vista, pero como no se basa en nada que hayamos hecho, nos humilla hasta el polvo. Además, queremos la aprobación y admiración de nuestros semejantes. Así que en lugar de abrazar Su amor como nuestro único consuelo, nuestros corazones idólatras giran en torno a los bares de sabiduría mundana y nos embriagamos casi sin darnos cuenta. Quizás nos detengamos en la cruz por un momento, pero luego nos escabullimos nuevamente a nuestros viejos refugios, donde podemos oír lo que queremos oír. Las actitudes del mundo —la superación personal, la autosuficiencia, el amor por uno mismo, la autopromoción, el orgullo, la independencia y la egolatría— resuenan dentro de cada uno de nosotros y ahogan las palabras amorosas de nuestro Redentor.

Es tan fácil olvidarnos por completo de quiénes somos: pecadores salvos por gracia —creados a la imagen de Dios para Su deleite— criaturas débiles y dependientes que deben confiar en Su gracia y misericordia durante cada momento de cada día. Tenemos problemas con la amnesia espiritual porque hemos cantado las canciones del mundo demasiadas veces, y *Roca de la eternidad* es, francamente, un poco anticuada. "¿Por qué tendría que refugiarme?", nos preguntamos. Pensamos que no necesitamos refugiarnos en Él; solo tenemos que encontrar la clave de la vida cristiana exitosa en un mejor libro de autoayuda.

Todos estamos viviendo de este lado de la Caída, vistiéndonos con hojas de higuera —identidades falsas— en un intento inútil de hacernos más presentables. Cosemos y cosemos, pero simplemente no podemos hacerlo bien. Así que dejamos de coser por un tiempo, y luego empezamos todo de nuevo. No queremos que la gente nos vea tal como somos porque nos enorgullecemos y nos avergonzamos a la vez; somos demasiado orgullosos para admitir nuestro pecado; nos avergüenza demasiado decir que necesitamos un Salvador. No nos estamos viendo tal como somos. Hemos olvidado Su amor, el evangelio y nuestra verdadera identidad.

Yo seré tuyo, tú serás Mío

¿Te gusta comer de esos dulces en forma de corazoncitos que regalan en el día de San Valentín? A mí sí; o, mejor dicho, me gustaba. A veces te sale uno de esos que dice "*be mine*", que significa "sé mío". Aunque el amor de Dios es ciertamente más profundo que un sentimiento expresado en un pequeño dulce, este es uno que Él te ha enviado. No solo te ha pedido que seas Suyo, sino que te ha tomado para Sí mismo. Él ha quitado todo obstáculo que pudiera estorbar esta relación, la cual es importante para Él. Dios ha hecho una declaración: "Yo seré tu Dios; tú serás Mi posesión". Cuando consideramos quiénes somos, debemos definirnos a nosotros mismos basándonos únicamente en este decreto. ¡La maravillosa noticia es que *somos Suyos*! Pero esa no es la mejor noticia de todas. La noticia que es verdaderamente maravillosa es que Él se ha dado a Sí mismo a nosotros. ¡*Él es nuestro*! Así que tenías razón cuando respondiste esa primera pregunta en cuanto a tu identidad: "¿Quién eres?", con la respuesta: "¡Un hijo de Dios!"; pero esta es una verdad que tiene que ser sellada en nuestras consciencias en cada momento de cada día. Cuando nuestros amigos nos falten el respeto, cuando suframos de dolor, cuando caigamos en pecado (¡otra vez!), seguimos siendo Sus hijos. Y esa es la parte más importante de nuestra identidad.

Por Su gracia, Dios nos ha escogido, adoptado y sellado para Su propia gloria. Él se está ofreciendo a Sí mismo, y si no estamos distraídos con nuestros propios esfuerzos y nuestra autoconfianza, responderemos definiéndonos a nosotros mismos sobre la base de este amor. ¿Quién eres? Tú eres Suyo, Él es tuyo, y has sido limpiado del pecado. Y esta es la única identidad que necesitamos.

Sé que he cubierto mucho material en este capítulo, y también sé que algunas de las cosas que he dicho pueden haber sido nuevas o incómodas para ti. Conforme vayamos avanzando en nuestro estudio, verás cómo esto que hemos hablado tiene consecuencias reales en tu caminar diario con tu Salvador. También quiero que sepas que confío en que Dios te dará una nueva apreciación de quién eres en Él. Él es quien te tiene que dar la gracia para vencer la amnesia espiritual que puede estar nublando tus pensamientos, incluso en este momento. Esta es la verdad acerca de este dilema: "No veremos a Dios a menos que Él haga resplandecer Su luz sobre nuestros corazones. Estaremos aterrorizados de Él hasta que nos revele Su amor. No le encontraremos a menos que Él nos muestre el camino".[5] Pero Él nos ha mostrado Su luz; nos ha revelado Su amor. Nos ha dado el evangelio.

Todo lo que había que hacer por nosotros, Dios ya lo hizo en Cristo. Él se nos ha revelado amorosamente por medio de Jesús: "Porque Dios, que ordenó que la luz resplandeciera en las tinieblas, hizo brillar Su luz en nuestro corazón para que conociéramos la gloria de Dios que resplandece en el rostro de Cristo" (2Co 4:6). Ha demostrado abiertamente Su amor: "Pero, cuando se manifestaron la bondad y el amor de Dios nuestro Salvador, Él nos salvó" (Tit 3:4-5). También nos ha mostrado el camino para que vengamos a Él y sepamos que somos Suyos:

> Así que, hermanos, mediante la sangre de Jesús, tenemos plena libertad para entrar en el Lugar Santísimo, por el camino nuevo y vivo que Él nos ha abierto... a través de Su cuerpo... Acerquémonos, pues, a Dios con corazón sincero y con la plena seguridad que da la fe, interiormente purificados de una conciencia culpable y exteriormente lavados con agua pura (Heb 10:19-22).

Él nos ha dicho: "Sé mío". Si eres Su hijo, Él quiere que estés seguro de Su amor inmutable por ti y de lo que eres en Él incluso ahora mismo. Podemos responderle con la plena seguridad que Él realmente nos ama, que realmente nos ha recibido y nos ha hecho Suyos. Le encantaría que viniéramos a Él y que confiáramos en Él, tanto como a un padre amoroso le encanta saber que sus hijos confían en él y que les encanta estar con él.

Si Él está dispuesto a abrirte el Lugar Santísimo a través de la sangre de Su Hijo, también revelará gentil, paciente y amorosamente todo lo que necesites saber acerca de quién eres y, más importante aún, de quién es Él. Regocíjate, querido amigo, en Su maravilloso amor y en tu nueva identidad.

Para que puedas tener una mayor conciencia de ti mismo y de tu Dios, por favor tómate el tiempo de completar el ejercicio que está debajo.

Entendiendo cómo el amor de Dios transforma tu identidad y tu vida

1. Define amnesia espiritual. ¿Crees que sufres de la misma?

2. En este capítulo, escribí: "Las actitudes del mundo —la superación personal, la autosuficiencia, el amor por uno mismo, la autopromoción, el orgullo, la independencia y la egolatría— resuenan dentro de cada uno de nosotros y ahogan las palabras amorosas de nuestro Redentor". ¿Ves estas actitudes en ti mismo? ¿Las ves en tu deseo de crecer en madurez en el Señor? ¿Ves cómo forman parte de tus pecados y fracasos?
3. ¿Qué tan convencido estás de que la clave para transformar tu identidad y tu vida está en apreciar constantemente el amor que Dios nos muestra en el evangelio? ¿Cuáles son tus objeciones a esta declaración?
4. 2 Pedro 1:9 dice: "En cambio, el que no las tiene es tan corto de vista que ya ni ve, y se olvida de que ha sido limpiado de sus antiguos pecados". Cuando te detienes a analizar tu vida, ¿notas algunos atributos de Cristo en tu vida? ¿Has visto crecimiento en este sentido? Sé que es muy difícil juzgarte a ti mismo de esta forma (ya que algunos de nosotros somos tan duros con nosotros mismos que nos olvidamos de la gracia de Dios, y otros son tan indulgentes consigo mismos que piensan que hay crecimiento, ¡cuando no lo hay!), así que ¿por qué no le preguntas a un amigo cercano lo que ha visto en tu vida en estos últimos años? Cuando haces algo que no es conforme al carácter de Cristo, ¿te recuerdas a ti mismo el evangelio, que has sido amado y limpiado de tus pecados pasados? ¿Dirías que este recordatorio te empuja hacia la santidad o a seguir pecando?
5. Resume en cuatro o cinco oraciones lo que aprendiste en este capítulo.

CAPÍTULO TRES

EL REGALO DE NUESTRA IDENTIDAD

Cuando Cristo, que es la vida de ustedes, se manifieste, entonces también ustedes serán manifestados con Él en gloria.

— COLOSENSES 3:4

Con todo y que no me gustan mucho los comerciales, tengo que admitir que de vez en cuando la gente de *Madison Avenue* se inventan algunos que son bastante divertidos, como aquellos de Citibank que advierten acerca del robo de identidad. Uno de los que más disfruto es el del viejito desaliñado que habla como si fuese una chica presumida, diciendo: "Primero vacié la cuenta corriente y luego me fui al centro comercial. Y ahí, en la vitrina, estaba ese conjuntito sexy, y ay-mi-madre…".[1] Aunque da mucha risa, definitivamente no sería muy divertido vivirlo, ¿verdad?

En caso de que no lo sepas, el robo de identidad ocurre cuando alguien roba tu nombre y alguna otra información personal para hacer algún fraude. A muchos de nosotros nos preocupa esta nueva forma de delincuencia en la era virtual, y no asumiríamos que robarle la identidad a alguien es un comportamiento aceptable. Sin embargo, la sorprendente realidad es que los cristianos, por definición, tienen la identidad de otra persona. Son llamados "cristianos" porque han tomado la identidad de otra persona: la de Cristo. No solo se te dio una identidad con la que no naciste y que tampoco te ganaste, ¡sino que puedes vaciar Su cuenta corriente y usar todos los beneficios que vienen con esa identidad! Esto es mucho mejor que un robo de identidad—¡es un regalo! Tu nueva identidad puede resumirse con una frase del versículo con el que comenzamos este capítulo: "Cristo es... la vida de ustedes" (Col 3:4).

La razón por la que vamos a pasar tiempo hablando de tu nueva identidad es que muchos de nosotros vivimos como si este regalo de la gracia nunca se nos hubiera dado. Vemos nuestra vida como si nuestra identidad nunca hubiese cambiado, en lugar de verla con los ojos de la fe. Nuestras respuestas a las preguntas fundamentales con respecto a quiénes somos, a las cosas que hacemos y a nuestras metas, suelen ser las mismas que las de nuestros prójimos incrédulos. Somos como esa heredera que tiene millones en el banco y vive debajo de un puente, mendigando por unas monedas para comprar otra botella de vino. Sí, sabemos que nos llamamos "cristianos", pero ¿sabemos lo que eso significa?

Cristo es nuestra vida

Como cristianos, decimos que se nos ha dado la identidad de Cristo; después de todo, ¡somos *cristianos*! Sabemos que de alguna forma estamos *en Él* y que somos parte de la familia de Dios, pero la forma en que nos conducimos en nuestra vida diaria a veces demuestra que nos olvidamos de quiénes somos en realidad. Reconocemos que tenemos la identidad de Cristo, pero como tenemos amnesia espiritual, vivimos como si esa no fuese la mayor verdad acerca de nosotros.

Por ejemplo, cuando nos impacientamos esperando a un técnico de mantenimiento que se ha retrasado, cuando inhalamos los humos de escape en una carretera transitada, o escuchamos a nuestros hijos insistir por enésima vez que *sí* estudiaron para el examen de ortografía, puede que recordemos nuestra verdadera identidad y respondamos con gracia porque estamos convencidos de que Colosenses 3:4 es verdad. Cristo —no las reparaciones en la casa, ni el aire limpio, ni tener hijos exitosos— es nuestra vida. Por otro lado, puede que olvidemos quiénes somos y respondamos con una actitud de justicia propia, con deseos de ser respetados, o hasta odiándonos a nosotros mismos. Esta *identidad funcional* se puede expresar de las siguientes formas:

- "Cuando hago una cita, ¡llego a tiempo! Si este técnico sabía que iba a llegar tarde *otra vez*, ¡lo mínimo que podía hacer era llamar! No seré perfecto, ¡pero por lo menos soy más responsable que él!".
- "¡Más vale que te vaya mejor en tu próximo examen de ortografía! ¡Me da vergüenza que repruebes así!".
- "¡Soy un fracasado! Aquí estoy, atrapado en este empleo sin futuro, en esta estúpida autopista, yendo a ninguna parte, pecando como siempre lo he hecho. Supongo que esto es lo que me merezco. Soy un perdedor".

¿Cómo variarían estas respuestas si recordáramos que, debido a que Dios nos amó, Cristo es nuestra vida? Puede que las siguientes sugerencias conecten las realidades de nuestra identidad con los problemas que enfrentamos en el día a día.

Cuando siento que he perdido toda una tarde esperando a un técnico, puedo moderar mi respuesta a la luz de las realidades celestiales, pensando:

- "Cristo es increíblemente paciente conmigo. Su gentil paciencia para con mi irresponsabilidad es una verdad que debo recordar una y otra vez. La irresponsabilidad de este técnico no se compara con la mía, y aun así he sido escogido y amado por Dios, así que puedo ser compasivo y paciente con otros. Responderle con gentileza a este técnico no es simplemente una decisión de mi voluntad, sino que también es un reconocimiento de la gentil respuesta de Jesús hacia mí".

Cuando el desempeño de mis hijos no habla bien de mis habilidades como padre, debo recordarme a mí mismo que no merezco el respeto de nadie, y que mi deseo por tal respeto lo demuestra.

- "Cristo me ha dado una nueva identidad. El mero hecho de que Cristo me haya tenido que dar Su identidad significa que nada de lo que tengo, incluyendo el respeto que espero de los demás, merece el esfuerzo que he invertido para conseguirlo. ¿Por qué creo que me merezco el respeto de alguien? Se me ha ordenado que cuide y discipline a mis hijos *para la gloria de Dios*, no la mía. Cuando ellos fallen, que por supuesto que lo harán —después de todo, se parecen a mí— puedo consolarles e instruirles porque he sido consolado e instruido cuando he fallado. Responder a sus fracasos con amabilidad no es solo un asunto de mera obediencia; es un reconocimiento de lo que la cruz ha declarado acerca de mí y de mi identidad. Tengo un Padre celestial que es fiel y que me ha adoptado, así que no necesito usar a mis hijos para demostrar lo bueno que soy. Él me ha hecho Suyo; eso es todo lo que importa".

Cuando me encuentro atrapado en el tránsito, de camino a lo que parece un trabajo sin sentido, mi identidad en Cristo transformará la forma en que pienso acerca de mí mismo y de mi día.

- "Estoy unido a Él en este momento, en este carro, en esta autopista. Debido a que Él está conmigo, el tiempo que pase en el tránsito es un gozo porque es tiempo que paso con Él. Él se ha identificado con mi sentido de impotencia, con mi propia persona; Él está a mi lado *ahora*. Él sabe lo que es trabajar, y Su récord perfecto de trabajo me ha sido acreditado. Mi éxito y valor no dependen de que tenga o no un trabajo bien pagado que otros aprueben, o de que la carretera esté o no congestionada. De hecho, no necesito estar preocupado por estas cosas, porque ahora tengo garantías que eclipsan todo lo demás. Se me ha dado al Dios-Hombre, Jesucristo, quien es capaz de salvarme hasta lo sumo, y en este momento, en este mismo instante, vive para interceder por mí delante de Su Padre (Heb 7:25). Puedo perseverar con esperanza porque este carro, este trabajo, esta autopista, no me definen. Aunque es verdad que estoy sentado en este carro, también estoy sentado con Cristo en los lugares celestiales".

Nuevamente, Pablo escribió: "Ya que han resucitado con Cristo, busquen las cosas de arriba, donde está Cristo sentado a la derecha de Dios. Concentren su atención en las cosas de arriba, no en las de la tierra, pues ustedes han muerto y su vida está escondida con Cristo en Dios. Cuando Cristo, que es la vida de ustedes, se manifieste, entonces también ustedes serán manifestados con Él en gloria" (Col 3:1-4).

Al leer el pasaje de arriba, ¿qué fue lo que más te llamó la atención? Para muchos de nosotros, lo que más resalta son los mandatos en estos versículos: "… busquen las cosas de arriba… Concentren su atención en las cosas de arriba". Aunque estos mandatos son importantes, casi nunca nos damos cuenta de que gran parte del pasaje no tiene nada que ver con nuestras obras, sino con las de Él. Como nos saltamos los hechos que creemos saber, no recibimos el poder transformador que necesitamos.

Pablo escribe esto porque estamos escondidos con Cristo en Dios y Él es nuestra vida, debemos poner nuestra mente y deseos en las cosas de arriba, donde estamos —*incluso en este mismo momento*— sentados con Él (Col 3:1). Cuando fallamos en responder como Cristo a las decepciones de la vida, usualmente es porque nos hemos olvidado de todo lo que Él ha hecho por nosotros. Se nos olvida que esa vieja persona que demandaba respeto y comodidad fue crucificada con Él. Murió, y una nueva persona ha nacido en su lugar. Así como Cristo fue vivificado por el Espíritu, nosotros también hemos sido vivificados. Debido a que ahora somos uno con Él en Su vida de resurrección, vivificados por el mismo Espíritu, las cosas del mundo que antes nos dominaban han perdido su poder. Se nos ha dado ojos nuevos que nos dan el valor de vernos a nosotros mismos como realmente somos, y la fe para creer que Él nos está recreando para que seamos como Él. Pablo nos habla del "ya" y del "todavía no": en este mismo momento, estamos completamente vivos en Él; estamos sentados con Él en el cielo, pero esta vida de resurrección está confinada a nuestros cuerpos mortales, por lo que todavía tenemos que ser intencionales en "buscar" y "concentrarnos".

Esta nueva identidad es nuestra ahora mismo, pero también tenemos que crecer en ella, así como mis nietos están creciendo en el entendimiento de lo que significa ser parte de nuestra familia. Parte de este proceso de maduración es la capacidad de identificar y dar muerte a las motivaciones egocéntricas que antes enmarcaban nuestras vidas. Así que Pablo continúa diciéndonos que caminemos en la compasión, amabilidad, humildad, mansedumbre y paciencia que caracterizaban la vida de Jesús. Podemos caminar en esta nueva vida porque Él vive en nosotros a través del Espíritu. Podemos soportarnos unos a otros y perdonarnos unos a otros porque Él nos ha perdonado. "Por encima de todo, vístanse de amor, que es el vínculo perfecto" (Col 3:12-14).

Nuestro problema es que si no recordamos continuamente que Él nos ha escogido, nos ha cambiado y nos ha hecho nuevos, nuestra lucha por crecer como cristianos se convertirá en nada más que otro intento de autosuperación, y la autosuperación siempre resulta en orgullo o en odio hacia uno mismo.[2] Nuestro Salvador ha declarado que somos completamente dependientes de Él y de lo que Él hizo por nosotros, pero cuando confiamos demasiado en nosotros mismos, fácilmente nos olvidamos de lo que Él ya hizo y terminamos buscando descanso a través de nuestras obras.

El error de Lucifer

Agustín escribió que el error de Lucifer fue que no quiso *ninguna otra fuente de bondad que no fuese él mismo*. "Trató de ser su propia fuente y por eso cayó. Esta negación básica de nuestra dependencia es lo que nos arruina".[3] El problema con tratar de construir nuestra propia identidad por nosotros mismos es que Aquel que nos creó, que nos ama y que tiene total autoridad sobre nosotros, ya nos dijo quiénes somos, lo que necesitamos y hacia dónde vamos. Él ha determinado nuestra individualidad, nuestro lugar de pertenencia, nuestro propósito y nuestra permanencia. Él ha respondido a nuestra falibilidad.

Él ha definido nuestra *individualidad* al llamarnos por nombre. "Pero ahora, así dice el Señor, el que te creó… el que te formó… 'No temas, que Yo te he redimido; te he llamado por tu nombre; tú eres Mío'" (Is 43:1). Él nos lleva grabados en las palmas de Sus manos (Is 49:16) y conoce nuestro corazón y nuestros pensamientos (Sal 139). No eres simplemente uno entre millones, un rostro perdido entre la multitud. Eres único en el corazón de Dios, una persona específica con un nombre particular, escogido desde antes de la fundación del mundo (Ef. 1:4).

Él determinó nuestras *relaciones* cuando dijo: "Haré de ustedes Mi pueblo; y Yo seré su Dios" (Éx 6:7). Él declaró: "¡Aquí, entre los seres humanos, está la morada de Dios! Él acampará en medio de ellos, y ellos serán Su pueblo; Dios mismo estará con ellos y será su Dios" (Ap 21:3). Así como antiguamente un hombre enamorado se casaba y le daba su nombre a su esposa, Él nos ha dado el Suyo. No tenemos que preguntarnos lo que Él piensa acerca de nosotros: somos llamados por Su nombre (Hch 15:17).

El propósito de nuestra vida es revelarle a otros lo maravilloso que es Él, y glorificarle y gozar de Él eternamente. Así como preguntaron y contestaron los teólogos de Westminster: "¿Cuál es el fin principal del hombre? Glorificar a Dios y gozar de Él para siempre". Estos hombres de Dios simplemente estaban repitiendo los pensamientos de Pablo en Romanos 11:36: "Porque todas las cosas proceden de Él, y existen por Él y para Él. ¡A Él sea la gloria por siempre!". ¿Por qué estás aquí? ¿Para qué naciste? ¡Para glorificarle y gozar de Él! La dicha de esta verdad se encuentra en la realidad de que Él nos ha amado y nos está transformando para que, incluso ahora, le glorifiquemos. Los ángeles nos ven —cuando pecamos, cuando le olvidamos, cuando le obedecemos por amor, cuando le obedecemos por orgullo o en nuestras propias fuerzas— y alaban a Dios por Su gran amor y misericordia. Él se glorifica a Sí mismo. ¡El evangelio lo hace glorioso!

La *permanencia* de nuestra persona y de nuestras obras también ha sido establecida por Él. Vamos a vivir en Su presencia eternamente (Jn 3:16), y nuestros esfuerzos por obedecerle con gratitud tienen repercusiones eternas (Jn 15:16; 1Co 3:14-15; 15:46). Debido a que hemos sido amados por Él, nuestras vidas no son en vano.

El evangelio trata con el problema de nuestra falibilidad y fracasos continuos. Somos, cada uno de nosotros, más malvados e imperfectos de lo que jamás nos hubiéramos atrevido a creer, pero más amados y acogidos de lo que jamás nos hubiéramos atrevido a imaginar.[4] El amor de Dios por nosotros en el evangelio le da seguridad a nuestros corazones y nos trae paz, especialmente cuando vemos nuestros pecados y fracasos.

Podemos gozarnos porque nuestras preguntas básicas de identidad han sido contestadas en Él. Quiénes somos como individuos, el lugar al que pertenecemos, el propósito de nuestras vidas, la permanencia de nuestra existencia y de nuestro trabajo, todo ha sido contestado para siempre. Somos amados, acogidos, adoptados, unidos a Él y perdonados. Nada, ni siquiera nuestro pecado, jamás podrá cambiar lo que Él ha hecho.

El evangelio nos dice que solo en Cristo podremos hallar nuestra nueva identidad. Pero olvidamos que somos pecadores, que somos falibles y que no merecemos respeto. También nos olvidamos de que hemos sido amados y acogidos por la única Persona cuya opinión realmente importa. Hemos olvidado el amor de Dios por nosotros en el evangelio. Nuestro problema fundamental no es nuestra historia, nuestro ambiente, los químicos de nuestro cerebro, ni siquiera nuestras malas decisiones. Nuestro problema es que tenemos una identidad funcional que va en contra de las verdades del evangelio. Hemos ignorado y descuidado el hecho de que Cristo nos ha dado Su identidad: Él es nuestra vida.

No deberíamos estar preguntándonos: "¿Por qué mis hijos no me respetan?"; "¿Por qué tengo que esperar a este técnico irresponsable?"; "¿Por qué no puedo conseguir un mejor trabajo?"; "¿Por qué no me aprecia mi pareja, mis hijos, mis padres, mi jefe o mis amigos?". Las preguntas que deberíamos hacernos son: "¿Por qué enviaría Dios a Su Hijo a morir por mí, Su miserable enemigo?" (Ro 5:8,10); "¿Por qué Dios determinó que Cristo, quien no conoció pecado, se hiciera pecado para que yo pudiera cosechar todos los beneficios de Su justicia?" (2Co 5:21); "¿Por qué alguien como yo, que estaba muerto en mis pecados y corrupción, que llevé a cabo cada uno de los deseos malvados de mi cuerpo y mi mente, y que era —por naturaleza— un hijo de Su ira, fue vivificado junto con Jesús?"; "¿Por qué me haría Él partícipe de Su vida eterna?"; "¿Por qué no estoy colgado en una cruz?". La única respuesta a estas preguntas es que Dios, quien es rico en misericordia, *¡nos ha amado con Su gran amor y nos ha cubierto con Su gracia!* (Ef 2:2-6). ¡Esta es nuestra identidad!

A la luz de estas verdades del evangelio, ¡la profundidad del amor de Dios es asombrosa! La verdad que muchos de nosotros hemos olvidado y que necesitamos recordar urgentemente es que el cristianismo no es esencialmente un programa para ayudar a la gente moralista a ser mejor. No, es una relación basada en la premisa de que no somos buenos ahora, y de que nunca seremos lo suficientemente buenos en esta vida. Necesitamos a alguien que sea bueno en nuestro lugar, que haya sufrido lo que merecemos sufrir y haya vivido la vida justa que debimos vivir. ¡Nuestro Redentor ha tomado nuestra identidad pecaminosa para que podamos recibir Su identidad, que es perfectamente santa! ¿Entiendes por qué Cristo tiene que ser el único que defina todo lo que éramos, somos o seremos? ¡Él es nuestra vida! ¡Él es nuestra identidad!

La maravillosa noticia

Ciertamente, el evangelio es una buena noticia, ¿verdad? No es simplemente que hemos sido salvados del infierno por un Dios que nos está tolerando, manteniéndose a distancia, concediéndonos una salvación que no le haya costado mucho. Él envió a Su único Hijo a morir en nuestro lugar para atraernos a Sí mismo. Tal era Su determinación de transformarte. En la noche en que fue traicionado, Él oró que supiéramos que somos amados por el Padre con la misma intensidad que Él ama a Su Hijo amado (Jn 17:23).

En lugar de definirnos a nosotros mismos como solíamos, tenemos que definirnos a nosotros mismos de acuerdo a las verdades del evangelio. ¿Quiénes somos? Somos hombres y mujeres tan malvados e imperfectos que merecemos el infierno, pero hemos sido tan amados y acogidos que todas las bendiciones espirituales —la adopción, la tierna comunión con nuestro Padre y nuestros hermanos, el perdón, la reconciliación y la vida eterna— son nuestras. Los logros de Cristo y Sus perfecciones son nuestras. Todo acerca de nosotros es diferente.

Nuestra historia ha cambiado. Ya no somos simplemente los hijos de nuestros padres biológicos. Hemos sido adoptados irrevocablemente por nuestro Padre celestial, y Su historia es ahora nuestra historia.

Somos parte del despliegue glorioso de Su plan y de Sus propósitos en la tierra. ¿Quién eres? Eres un hijo de tu Padre, el Rey que conforta tu temeroso corazón para que cuando seas tentado y probado, puedas clamarle confiadamente, diciendo: "¡Abba, Padre!" (Ro 8:15; Gá 4:5-7). En lugar de tener uno o dos hermanos, eres miembro de Su cuerpo, en comunión con todos nuestros hermanos de todas las edades (1Co 12:12-13). Eres un miembro de la familia celestial de Dios; Pablo, Pedro, Juan y hasta Jesús mismo son tus hermanos. María, Su madre terrenal, es tu hermana. "Queridos hermanos, *ahora* somos hijos de Dios" (1Jn 3:2). Ya no nos identificamos por nuestra nacionalidad, género, denominación o estatus económico, porque "Cristo es todo y está en todos" (Col 3:11). Esta adopción radical rompe todas las barreras que alguna vez hayan separado a hermanos, y nos hace a todos uno en Él: "Todos ustedes son hijos de Dios mediante la fe en Cristo Jesús…Ya no hay judío ni griego, esclavo ni libre, hombre ni mujer, sino que todos ustedes son uno solo en Cristo Jesús" (Gá 3:26, 28).

Nuestra ciudadanía ha cambiado. Somos ciudadanos de la Ciudad de Dios: "Pero ustedes son linaje escogido, real sacerdocio, nación santa, pueblo que pertenece a Dios". Tenemos un nuevo propósito en la vida: "…para que proclamen las obras maravillosas de Aquel que los llamó de las tinieblas a Su luz admirable". La nueva razón por la que queremos vivir piadosamente es que aunque antes "ni siquiera [éramos] pueblo…ahora [somos] pueblo de Dios; antes no [habíamos] recibido misericordia, pero ahora ya la [hemos] recibido" (1P 2:9-10). En estos momentos estamos sentados con Él a la diestra de nuestro Padre. Debido a que Cristo es nuestra vida, "somos ciudadanos del cielo, de donde anhelamos recibir al Salvador, el Señor Jesucristo" (Fil 3:20).

No solo ha cambiado nuestra identidad pasada y presente, sino que *nuestro futuro también ha cambiado.* Ya no somos esclavos de los dioses de esta tierra, tratando de acumular riquezas, conocimiento, respeto o amigos. No estamos esclavizados a la vanidad, buscando llenar horas sin sentido con trabajos absurdos, o intentando vencer el aburrimiento por medio de placeres vanos hasta el día de nuestra muerte. No, ahora esperamos a un Salvador, quien vendrá a rescatarnos de nuestro exilio. En un abrir y cerrar de ojos, Cristo, quien es nuestra vida, aparecerá, y entonces *nosotros* apareceremos con Él en gloria.

> El estilo de vida que nos identifica... no es de este mundo, sino del cielo... Esta ciudadanía incluye la historia de nuestros orígenes y de nuestro destino: vivimos con la esperanza de que un día nuestro Salvador vendrá cabalgando por las puertas para rescatar a Su pueblo del exilio. Al encontrarnos y recuperarnos, transformará nuestros cuerpos mortales y decadentes para que sean como Su glorioso cuerpo resucitado y ascendido.[5]

Muy pronto, nos encontraremos siendo transportados a una ciudad donde no habrá más pecado, soledad, confusión, llanto, ni vergüenza. Allí finalmente entenderemos la magnitud de la declaración: "Cristo es nuestra vida". Es por este futuro glorioso que nuestra fe y nuestro trabajo por Él hoy no son en vano.

Esta nueva identidad nos debe definir y transformar hoy. Nuestra vida ya no está atada a la inconstancia del caos que vivimos a diario, aunque el técnico llegue tarde, nuestros hijos tengan mala ortografía o estemos atascados detrás de un camión que llena nuestro carro de humo. Por fin podemos desmantelar nuestras tantas exigencias y descansar en la verdad de que no merecemos misericordia, pero hemos sido declarados inocentes en Cristo. Su amor ha vencido todas nuestras demandas inútiles de que "se haga justicia", por medio de Su encarnación, vida, muerte, resurrección y ascensión. ¿Dónde está la justicia en el evangelio?

Nuestro deseo de ser respetados acabará donde le corresponde —en el montón de cenizas junto con nuestro orgullo— cuando veamos que nuestra vieja identidad y reputación fueron totalmente demolidas en la cruz. Ya no tenemos nada más que probar; nos merecemos la muerte que Él sufrió. Somos pecadores salvos solo por gracia; nuestros hijos son pecadores que serán salvos sólo por gracia. Es Su reputación la que importa, no la nuestra.

Las incontables horas que hemos desperdiciado en nuestro orgullo y autorecriminación hedonista —"*¡No puedo creer que hice ESO otra vez!*"— serán transformadas en humildes acciones de gracias por Aquel que cumplió con todas las leyes perfectamente, y cuyo récord perfecto ahora nos pertenece. Y todo esto para la alabanza de Su gloriosa gracia.

Para la alabanza de Su gloriosa gracia

Ahora déjenme enfocar su atención hacia donde debería estar. Cuando un amigo nos da un hermoso regalo, es correcto examinarlo y disfrutarlo. Pero no es correcto que la gloria permanezca en el regalo mismo, no importa qué tan maravilloso sea. El énfasis debería estar sobre la generosidad del dador. Nuestro Padre es el Dador de este regalo de nuestra identidad, la cual recibimos a través del sacrificio expiatorio del Hijo y la obra del Espíritu en nuestros corazones. Dicho de forma sencilla, Él ha hecho todo lo que ha hecho para que nuestras vidas rebosen de alabanzas amorosas por Su gloriosa gracia (Ef 1:6, 12, 14).

El evangelio es una buena noticia para nosotros, sí, pero la principal bondad de esta noticia no somos nosotros ni nuestra nueva identidad. Es una buena noticia acerca de Él: de Sus bondades, Su fidelidad, Su santidad y Su sacrificio expiatorio. Es un reporte acerca de Su gran condescendencia al Él intercambiar Su gloriosa identidad por la vergüenza de la nuestra. Es acerca de Su carácter infalible y Su compasión infinita. Aunque Él se ha convertido en nuestra vida, el énfasis le pertenece a Él, no a nuestra identidad, nuestro pecado, nuestra posición, nuestros éxitos, ni nuestras alegrías. Por más maravilloso que sea el regalo de una identidad completamente nueva y limpia, eso no es lo que vamos a estar celebrando por toda la eternidad. Nos vamos a pasar la eternidad regocijándonos en Él. Cantaremos: "¡Digno es el Cordero, que ha sido sacrificado, de recibir el poder, la riqueza y la sabiduría, la fortaleza y la honra, la gloria y la alabanza!". Nuestras bocas y todo el cielo estarán llenos de este resonante coro: "¡Al que está sentado en el trono y al Cordero, sean la alabanza y la honra, la gloria y el poder, por los siglos de los siglos!" (Ap 5:12-13). Jesucristo, y no nosotros —independientemente de lo que hayamos hecho por Él— será el tema central de la alabanza en el cielo. *Cristo* es nuestra vida ahora, y seguirá siendo nuestra vida mientras le cantemos gozosamente por toda la eternidad.

Entendiendo cómo el amor de Dios transforma tu identidad y tu vida

1. Dijimos que la buena noticia es que somos tan malvados e imperfectos que merecemos el castigo eterno, pero que somos más amados y acogidos de lo que jamás nos hubiéramos atrevido a imaginar. Piensa en lo que has hecho en tu día y trata de identificar en qué momentos estas verdades del evangelio impactaron tu vida. ¿Estuviste constantemente apercibido de que lo que merecías ha sido reemplazado por lo que Cristo ha dado? ¿Estuviste apercibido y agradecido por este intercambio de identidad?
2. Lo que sigue es una lista de versículos que te ayudarán a empezar a construir una nueva identidad. A medida que leas cada uno de ellos, pídele al Señor que te ayude a ver cómo se aplican a ti.
   » Pero gracias a Él ustedes están unidos a Cristo Jesús, a quien Dios ha hecho nuestra sabiduría —es decir, nuestra justificación, santificación y redención— para que, como está escrito: "Si alguien ha de gloriarse, que se gloríe en el Señor" (1Co 1:30-31).
   » Dios es el que nos mantiene firmes en Cristo, tanto a nosotros como a ustedes. Él nos ungió, nos selló como propiedad Suya

y puso Su Espíritu en nuestro corazón, como garantía de Sus promesas (2Co 1:21-22).
» Por lo tanto, si alguno está en Cristo, es una nueva creación. ¡Lo viejo ha pasado, ha llegado ya lo nuevo! (2Co 5:17).
» Todos ustedes son hijos de Dios mediante la fe en Cristo Jesús… (Gá 3:26).
» He sido crucificado con Cristo, y ya no vivo yo, sino que Cristo vive en mí. Lo que ahora vivo en el cuerpo, lo vivo por la fe en el Hijo de Dios, quien me amó y dio Su vida por mí (Gá 2:20).
» … y encontrarme unido a Él. No quiero mi propia justicia que procede de la ley, sino la que se obtiene mediante la fe en Cristo, la justicia que procede de Dios, basada en la fe (Fil 3:9).

3. Cuando naciste, se te dio el nombre de tu padre. Así también, si naciste de nuevo, se te dio el nombre de tu Padre celestial. ¿Qué significa llevar Su nombre? ¿Qué significa para ti ser llamado "cristiano"? Lee Isaías 62:2-3; 43:1-7; Jeremías 33:14-17; Juan 17:11-13, 26; y Apocalipsis 3:12-13.
4. Blaise Pascal escribió: "No es solo que Jesucristo es la única persona a través de la cual podemos conocer al Padre, sino que solo podremos conocernos a nosotros mismos a través de Él; solo a través de Jesucristo conocemos la vida y la muerte. Separados de Jesucristo no podremos entender el significado de nuestra vida o de nuestra muerte, de Dios y de nosotros mismos".[6] ¿Qué te enseña Jesucristo acerca de quién eres y de lo que significa tu vida? ¿Qué te enseña acerca de tu Padre celestial?
5. Resume en cuatro o cinco oraciones lo que aprendiste en este capítulo.

Capítulo cuatro

El veredicto

*Por lo tanto, ya no hay ninguna condenación para
los que están unidos a Cristo Jesús...*

— Romanos 8:1

No sé cuántos recordarán el horroroso asesinato de una niña de siete años en febrero del 2002 en San Diego. La pequeña Danielle van Dam fue secuestrada de su cuarto durante la noche y asesinada. Su cuerpo fue tirado en un campo como a cuarenta kilómetros de su casa. Con profunda tristeza, seguí la investigación de su desaparición, la acumulación de evidencia, el juicio final y la sentencia de un vecino de cincuenta años, David Westerfield. Hablé con amigos que vivían en su comunidad, obtuve una idea de sus opiniones, y vi cómo el fiscal del distrito armó su caso. ¿Sería lo suficientemente sólida la evidencia en contra de Westerfield para condenarlo? ¿Era verdaderamente culpable?

Cuando leyeron el veredicto, todos en la comunidad de Danielle se tranquilizaron al saber que Westerfield nunca saldría de la cárcel y recibiría su merecido: la muerte. Seguramente, nuestra comunidad hubiera protestado si él se hubiera salido con la suya, o si la sentencia hubiera sido demasiado ligera, y más a la luz de la atrocidad que había cometido.

Pero ¡eso no es justo!

Al igual que ustedes, yo también odio la injusticia. Nuestro odio por la injusticia es parte de lo que significa haber sido creados a la imagen de Dios. El testimonio de Dios acerca de Sí mismo es que Él es justo (Dt 32:4; Is 30:18), y que odia la injusticia: "Absolver al culpable y condenar al inocente son dos cosas que el Señor aborrece" (Pro 17:15). Somos como Él: amamos la justicia y odiamos la injusticia. Queremos que todo sea justo y los malos paguen. No todos estaremos de acuerdo con la pena capital, pero sí con que los criminales deben ser castigados de alguna forma que se aproxime al dolor que le han causado a otros. Por otro lado, nos indignamos y protestamos cuando aquellos que son realmente inocentes son condenados. Incluso hasta los más pequeños saben cómo protestar, diciendo: "Pero mamá, ¡eso no es justo!".

Estábamos condenados

En el Nuevo Testamento, Jesús resumió las reglas de Dios en dos mandamientos aparentemente sencillos. Dijo: "Ama al Señor tu Dios con todo tu corazón, con todo tu ser y con toda tu mente… ama a tu prójimo como a ti mismo" (Mt 22:37-39). Como Dios ha dicho que odia la injusticia y que es una abominación para Él cuando una persona culpable no es castigada, nuestra única esperanza para evitar recibir Su justa sentencia es que podamos obedecer estas dos reglas. Pero, si somos honestos, el problema que todos tenemos es que aunque estos dos mandamientos parecen ser sencillos, no son fáciles de obedecer. Pero no debería ser tan difícil amar a otros… y Dios es tan bueno, que amarlo debería ser una respuesta automática, ¿no?

La dificultad, por supuesto, es que estas dos reglas involucran a nuestra persona interior: nuestra mente, voluntad y emociones. Si el mandamiento fuera simplemente: "Tiende tu cama cuando te levantes", quizás podríamos cumplirlo. Podríamos hacerlo cuando estemos felices, tristes, enojados, confundidos y frustrados. Y como ese tipo de mandamiento no involucra nuestros corazones, podríamos obedecerlo y al mismo tiempo estar menospreciando a Dios. Pero Sus reglas requieren más que simplemente cumplir con un deber superficial. La ley de Dios exige que le amemos con un amor profundo y apasionado, que se demuestra con una vida santa y un servicio gozoso hacia nuestro prójimo. Como dijo Jesús, es un amor que es tan fuerte que otra clase de amor parece odio en comparación al mismo (Lc 14:26). El amor por Dios es la única motivación aceptable porque "el amor es el cumplimiento de la ley" (Ro 13:10). Tal como escribió el comentarista Matthew Henry: "Toda obediencia comienza con los afectos, y nada en la religión puede hacerse bien si no se empieza allí".[1]

¿Alguna vez has pensado en qué tan parecidos somos todos al joven rico que vino a Jesús buscando ser elogiado? Estaba tan seguro de su justicia ante Dios que se jactó de haber cumplido todos los mandamientos de Dios desde su juventud. No matarás —*listo*. No cometerás adulterio —*obvio que no*. No mentirás, no robarás, honra a tus padres —*cumplido, cumplido, cumplido*. Pero Jesús pudo demostrarle que era culpable ante el Juez de los cielos, quien mira el corazón. El joven pensó que este Profeta quedaría impresionado con su bondad. En lugar de eso, descubrió que había estado haciendo todas sus buenas obras mientras esperaba su ejecución en el corredor de la muerte. No amaba a Dios, ni a su prójimo.

> "Todavía te falta una cosa: vende todo lo que tienes y repártelo entre los pobres, y tendrás tesoro en el cielo. Luego ven y sígueme". Cuando el hombre oyó esto, se entristeció mucho, pues era muy rico (Lc 18:22-23).

¡Vaya! Detente por un momento y ponte en el lugar de este joven. ¿Cómo responderías a este mandamiento aplastante? ¿Te hubieras ido triste como lo hizo el joven? Su respuesta pudo haber sido: "Pensé que todo lo que querías era mi comportamiento exterior, ¡no mi corazón! ¿Quieres que te ame más de lo que amo mis riquezas, mi estatus, mis privilegios? ¿Quieres que te ame más que a mi buena reputación? ¡No puedo hacer eso!". Este joven rico aprendió que "Dios… debe ser amado sobre todas las cosas, y no debemos amar nada que no sea amado por causa de Él".² Y al entender esto, sintió la culpa y la justa sentencia que pesaba sobre él. No es de extrañarse que se fuera con tanta tristeza.

No solo se nos manda que amemos a Dios sobre todas las cosas, sino que también debemos amar a nuestro prójimo de la forma en que nos amamos a nosotros mismos. ¿Cómo se ve nuestro amor propio? Nos amamos a nosotros mismos al darnos siempre el beneficio de la duda, al creer siempre lo mejor de nuestras motivaciones y acciones, y al esforzarnos por obtener lo que sea que queramos.

Considera algunas preguntas mientras evalúas si realmente amas a tu prójimo: Por amor a tu prójimo, ¿siempre compartes la buena noticia del evangelio? ¿Tomas el asiento de en medio del avión para que nadie más tenga que hacerlo? ¿Nunca has deseado que la esposa, los hijos, los padres, el trabajo o los dones de otros sean tuyos y no suyos? ¿Nunca has competido por un puesto en el trabajo o presumido de tus logros? ¿Alguna vez le has hablado a alguien —aun cónyuge, hijos o padres— de forma descortés? ¿Alguna vez has deseado que el conductor lento que va delante de ti desaparezca? ¿Muestras parcialidad hacia los que pueden beneficiarte y desprecio hacia los que son menos importantes?

Como Juan escribe que es imposible amar a Dios y a la vez odiar a nuestro hermano (1Jn 4:20), cuando no amamos a los demás, desobedecemos los dos mandamientos de Jesús a la vez. Y si acaso pensamos que en realidad no hemos sido tan malos, Santiago nos dice que si fallamos en un solo punto de la ley, la quebrantamos toda (Stg 2:10).

Es verdad: no amamos a Dios ni a nuestro prójimo, por lo menos no como se nos exige. Todos hemos violado la ley santa de un Dios santo, y si somos honestos, sabemos qué merecemos. El veredicto: culpable. La sentencia: muerte. Ante los ojos de Dios, todos somos David Westerfield; y si nuestro Dios fuera como nosotros, no nos querría en su vecindario.

ÉL ERA INOCENTE

Por otro lado, aquí está el récord de nuestro Salvador, Cristo Jesús. Fíjate en todas las veces que obedeció voluntariamente las leyes que Él mismo decretó. Nota que Su obediencia no era una mera conformidad externa. Fue una demostración de Su santa pasión por obedecer a Su Padre. No obedeció porque tenía que hacerlo; no, Él quería obedecer porque amaba a Su Padre. Él dijo: "…siempre hago lo que le agrada" (Jn 8:29); "… pero el mundo tiene que saber que amo al Padre, y que hago exactamente lo que Él me ha ordenado que haga" (Jn 14:31); "Mi alimento es hacer la voluntad del que me envió y terminar Su obra" (Jn 4:34); "… no busco hacer Mi propia voluntad, sino cumplir la voluntad del que me envió" (Jn 5:30); "La gloria humana no la acepto…" (Jn 5:41); "Porque he bajado del cielo no para hacer Mi voluntad, sino la del que me envió" (Jn 6:38); "… he obedecido los mandamientos de Mi Padre" (Jn 15:10); "… he llevado a cabo la obra que me encomendaste" (Jn 17:4); "Y por ellos me santifico a Mí mismo, para que también ellos sean santificados en la verdad" (Jn 17:19); "… que se amen los unos a los otros. Así como Yo los he amado…" (Jn 13:34); "… nos conviene cumplir con lo que es justo" (Mt 3:15).

Cristo es el único que tiene la autoridad para decirnos que amemos al Padre y a nuestro prójimo, porque ese fue Su testimonio durante toda Su vida. Si somos fieles a nuestro amor por la justicia, el veredicto que deberíamos pronunciar sobre Él es "inocente". No solo se trata de que nunca quebrantó la ley, sino de que Su obediencia activa siempre fue impulsada por motivaciones puras: amor por el Padre y por los que el Padre le había dado. No amó para que otros pensaran bien de Él o para evitar problemas. No, Él era santo porque amaba la santidad y a Su santo Padre. ¿Cuál es la justa sentencia que debemos pronunciar sobre Aquel que es libre de culpa? "¡Libertad! ¡Bendición! ¡Vida!".

Él fue condenado en tu lugar

Pero ¿cuál fue la sentencia injusta que recibió en cambio? Muerte. Y no cualquier muerte. Se sometió a la muerte vergonzosa de la crucifixión en una cruz romana. Me temo que ya nos acostumbramos a esa idea. Usamos cruces de oro en nuestras orejas y pegamos cruces célticas muy chéveres en nuestros automóviles. Si hasta Madonna usa cruces.

Si te dijera que el Cordero inocente de Dios fue electrocutado como si fuese un violador, un asesino o un traficante por causa de nuestra falta de amor, ¿te impactaría más Su muerte? ¿Te impactaría si te dijera que fue atado a una camilla y llevado a un cuarto frente a una audiencia de santurrones que con desprecio aplaudieron felizmente cuando recibió la inyección letal... por causa de nuestra desobediencia? ¿Te lo puedes imaginar frente a un pelotón de ejecución, desnudo, con los ojos vendados, observado por un público que asegura que está recibiendo su merecido, y es ejecutado en nuestro lugar como si fuese un pervertido y detestable David Westerfield? Y como si todo eso fuera poco, el Padre, Su Padre, sobre quien giraba toda Su existencia, derramó toda Su ira sobre Él y lo abandonó en el momento de Su muerte, porque lo que nosotros merecíamos era ira y abandono. Esta fue la sentencia que se llevó a cabo en contra de Aquel que nunca pecó.

El gran intercambio

¿Cómo podía el Dios que dijo que era una abominación castigar al inocente o liberar al culpable, predestinar[3] lo que parece ser la mayor injusticia de todas? La única forma de hacerlo justamente era poniendo *todo* nuestro pecado sobre el Inocente, quien estuvo dispuesto a cargarlo, y luego condenándolo por ese pecado. Si queremos disfrutar plenamente de la libertad que Él nos aseguró a un precio tan alto, es vital que reflexionemos tanto en nuestra desobediencia como en Su castigo. Tenemos que entender que Él cargó todo nuestro pecado sobre Sí mismo y luego sufrió en carne propia todo el castigo que El Padre en Su justicia demandaba. Él lo cargó todo —el pecado que cometimos en nuestra juventud, el pecado que cometimos antes de nuestra conversión, el pecado que cometimos hoy, y el pecado que cometeremos mañana. No solo recibió el castigo por las veces que tratábamos de ser buenos y terminamos haciéndolo a medias. Él cargó con la ira de Dios por cada vez que sabíamos que no debíamos hablar de cierta forma, y lo hicimos de todas formas. El recibió la justa sentencia por cada palabra, obra o pensamiento nuestro que haya sido cruel, lujurioso, egoísta, iracundo, avaro, apático, vanidoso, orgulloso, deshonesto o perverso. El Padre derramó toda Su ira sobre Su Hijo. No queda nada más para ti o para mí. Ahora no te va a condenar, porque condenar a un inocente es una abominación para Él, y Él dice que eres *inocente*. No te castigará por tus pecados porque hacerlo sería injusto; alguien ya pagó por esos pecados, y sería injusto castigar a otra persona por los mismos pecados.

Hoy en día hay mucha gente que lucha con sentimientos de condenación y culpabilidad porque nunca han entendido realmente lo que Jesús hizo por ellos en la cruz. Piensan que su relación con Dios descansa sobre el hecho de que en realidad no son tan malos, y luego se preguntan si Dios todavía los ama cuando luchan continuamente con el pecado. Se preguntan si realmente han creído en Él y si le pertenecen. No ven la magnitud del pecado que Cristo cargó en su lugar, por lo que no pueden comprender la ira justa que soportó por ellos ni las riquezas de la gracia que les ha sido dada. Te estoy animando a que, ahora mismo, aceptes completamente tu pecaminosidad por una simple razón: que puedas creer plenamente en este gran intercambio, nuestra *justificación*.

Aquí es crucial que entiendas tu nueva identidad. Cuando Pablo escribió que ya no hay ninguna condenación para ti porque ahora estás "en" Cristo, esto es lo que quiso decir: cuando nuestro Salvador sufrió en ese madero, tú estabas ahí, sufriendo también; cuando murió bajo la inmensa ira de Dios, tú estabas con Él. Y cuando se levantó victorioso de la tumba después de haber pagado la pena completa por tu pecado, tú también te levantaste y ascendiste al cielo, donde ahora estás sentado con Él. Siendo el fiel y buen Pastor que es, te buscó y te llevó sobre Sus hombros por todo el camino, hasta llegar a tu morada celestial. A los ojos de tu Salvador, *realmente* "todo se ha cumplido", y estás sentado en el cielo con Él en este mismo momento.

¿Has empezado a ver por qué es imposible que seas condenado si ya pagaste por tus pecados? Tienes una nueva identidad, un récord justo; has sido declarado inocente. Nada puede cambiar eso jamás. Aquí está el testimonio de algunos de los escritores del Nuevo Testamento:

- "Por lo tanto, si alguno está en Cristo, es una nueva creación. ¡Lo viejo ha pasado, ha llegado ya lo nuevo! Todo esto proviene de Dios, quien por medio de Cristo nos reconcilió consigo mismo... en Cristo, Dios estaba reconciliando al mundo consigo mismo, no tomándole en cuenta sus pecados... Al que no cometió pecado alguno, por nosotros Dios lo trató como pecador, para que en Él recibiéramos la justicia de Dios" (2Co 5:17-19, 21). Eres completamente nuevo, y eso no va a cambiar; ¡tienes la justicia de Dios!
- "En efecto, la ley no pudo liberarnos porque la naturaleza pecaminosa anuló su poder; por eso Dios envió a Su propio Hijo en condición semejante a nuestra condición de pecadores, para que

se ofreciera en sacrificio por el pecado. Así condenó Dios al pecado en la naturaleza humana, a fin de que las justas demandas de la ley se cumplieran en nosotros" (Ro 8:3-4). Debido a que estás en Cristo, ¡has cumplido con todos los requerimientos de la ley!

- "Porque Cristo murió por los pecados una vez por todas, el justo por los injustos, a fin de llevarlos a ustedes a Dios" (1P 3:18). Cristo Jesús sufrió la muerte y el castigo que merecías por una razón: para que disfrutaras de una comunión dulce e íntima con Él por toda la eternidad.

En una ocasión, durante una sesión de consejería, alguien contestó una pregunta que hice acerca de las Escrituras diciendo lo siguiente: "El versículo que tiene más significado para mí es en el que Dios declara que se arrepintió de haber hecho al hombre" (Gn 6:6). Sé que esto puede sonar inusual, pero en los años que tengo dando consejería y escuchado preguntas en conferencias, me he sorprendido de la cantidad de veces que surge esta clase de idea. Es como si estas personas, todos cristianos, pensaran que Dios sintió una especie de obligación de salvarlos, pero que en realidad no le caen tan bien que digamos. Pareciera que sí creen que forman parte de Su familia, pero sospechan que si Dios pudiera sentarlos en una esquina de castigo, lo haría con gusto. Querido hermano, ¡nada está más lejos de la verdad! Dios te ama tanto que envió a Su Hijo a sufrir por el pecado, el justo por el injusto, ¡para atraerte hacia Él! ¿Esto lo haría alguien que no esté lleno de amor por ti?

Has sido justificado[4]

Aquí está la realidad del gran intercambio: nuestro récord pecaminoso pasó a ser Suyo, y Él sufrió el castigo que merecíamos. Pero eso no es todo lo que ha hecho. Si lo fuera, igual sería una increíble bendición. Ser inocente —volver al mismo estado en que estuvieron nuestros primeros padres en el jardín— sería verdaderamente maravilloso. Pero no nos ha dejado allí donde comenzó Adán. Por medio del segundo Adán, Él ha hecho aún más por nosotros; nos ha justificado. Como probablemente sabes, a este concepto del gran intercambio a menudo se le llama justificación. Algunos han dicho que la palabra *justificado* significa "como si nunca hubiera pecado". Y aunque esto es cierto, no es una definición completa. No es solo que empezamos con la cuenta en blanco como lo hizo Adán, sino que en esa cuenta ahora hay algo tan maravilloso que apenas puedo creerlo: el récord perfecto de Jesús ahora es nuestro. Debido a que Dios te ha acreditado o imputado la obediencia perfecta de Jesús, cuando Dios te mira, te ve como una persona perfecta que…

- siempre hace lo que a Él le agrada;
- siempre está tan enfocada en hacer Su voluntad y formar parte de Su obra, que hacerlo es tu pan de cada día;
- no procura su propia voluntad, sino la voluntad del Padre;
- no procura recibir gloria (alabanza, respeto) de otros;
- siempre obedece todos Sus mandamientos;
- vive de tal forma que su vida trae santidad a otros;
- ama a los demás y pone su vida por ellos constantemente;
- vive de tal forma que la gente a su alrededor sabe que ama a su Padre celestial sobre todas las cosas;
- procura obedecer cada mandamiento para que se haga justicia.

Según Dios (¡y Su opinión es la única que importa!), ese es tu récord hoy. En una ocasión, durante una conversación acerca de estas verdades, una amiga me preguntó: "¿No está Dios engañándose a Sí mismo?". Me alegré de oír esa pregunta porque me hizo entender que ella estaba luchando con todas las implicaciones de la gracia y la justificación. Y es que estas verdades deberían asombrarnos.

El amor de Dios por Su Hijo

Tengo que admitir que a veces me encuentro buscando sentir seguridad cuando, en medio de mis luchas con el pecado, se asoman la duda y la desesperación. Cuando busco en todos los armarios de mi alma y todo lo que encuentro es desamor, sé que no merezco el amor de Dios. La única verdad que me puede calmar es esta: *Sé que Dios ama a Su Hijo*. Aunque hay veces que me pregunto cómo Dios me puede amar, sé que Él ama a Su hijo, y debido a que Él ha hecho una declaración formal y legal de que yo estoy *en* Él, entonces debo continuar recordándome a mí misma y creyendo que me ama por causa de Él. Mi única otra opción es decir que Dios no ama a Su Hijo. Pero la verdad es que la declaración que hizo sobre Él —"Éste es Mi Hijo amado; estoy muy complacido con Él" (Mt 3:17)— ahora la hace sobre nosotros: "Esta es Mi hija amada, este es Mi hijo amado, estoy muy complacido con ellos". ¿Podría Dios rechazarnos? ¿Podría Dios rechazar a Su Hijo? ¿Dejaría Dios de escuchar nuestras oraciones? ¿Escucha siempre las de Su Hijo? ¿Está decepcionado de nosotros y arrepentido de habernos adoptado? ¿Siente eso respecto a Jesús?

Los espectros de la condenación

Debido a que hay momentos en que nuestros sentimientos de culpa o condenación fluyen de un entendimiento superficial de nuestra pecaminosidad, en este capítulo he enfatizado bastante el punto acerca de nuestros fracasos. Aunque parezca ilógico, el aceptar completamente nuestra inhabilidad absoluta de cumplir con la ley nos libera de los sentimientos de culpa. Por ejemplo, cuando tus hijos fallan y respondes pecaminosamente, es muy fácil castigarte a ti misma pensando: "Soy una muy mala madre". Sin embargo, si ya eres libre de la expectativa de que deberías ser capaz de ser una madre maravillosa, la respuesta de tu corazón será:

Sé que no he podido ser el tipo de madre que Él quiere que sea, pero es por eso que necesito un Salvador, y es por eso que mis hijos también lo necesitan. Gracias Señor por haberme dado un récord perfecto, y porque aun cuando peco, sigo siendo perfectamente justa delante ti. Por favor, perdóname y ayúdame a responder a este regalo tan maravilloso con una obediencia agradecida. Confío en que sigues obrando en mí.

En mi propia vida, suelo tener que orar de esta forma muchas veces antes de poder silenciar la terrible insistencia de mi orgulloso corazón. Tengo que recordarme una y otra vez que ahora Su rectitud es mía, y que la forma en que mi corazón me atormenta es más bien una manifestación de mi orgullo y de mi deseo de ser autosuficiente, más que un deseo sincero de ser piadosa. Si la piedad fuera lo que yo realmente quisiera, entonces un solo vistazo a la cruz y a la tumba vacía serían suficientes. Pero puedo darme cuenta de que suelo estar más preocupada de aprobarme a mí misma que por recordar el hecho de que ya estoy aprobada delante de Él. En mi pecado, anhelo poder ver mi vida y sentirme bien acerca de mis logros personales —¡*Miren qué buena madre soy*!— y ese es el deseo que engendra la culpa destructiva. La única forma de silenciar mi corazón y encontrar consuelo es recordarme a mí misma continuamente mi nueva identidad en Cristo y que eso sea lo único que me satisfaga. Si busco satisfacción en mis propios logros o identidad, nunca conoceré el consuelo que Él prometió. "Vengan a Mí todos ustedes que están cansados y agobiados, y Yo les daré descanso. Carguen con Mi yugo y aprendan de Mí, pues yo soy apacible y humilde de corazón, y encontrarán descanso para su alma. Porque Mi yugo es suave y Mi carga es liviana" (Mt 11:28-30).

Cuando venga a Él en mansedumbre, aprenderé la diferencia entre un orgullo autocondenatorio (que trata de mí) y una humilde convicción de pecado (que trata de Él, de Su gracia y de Su ley). Su yugo es fácil; Su carga es ligera. Puedo venir a Él y encontrar descanso para mi alma, pero debo hacerlo en humildad y quebrantamiento (1P 5:5).

Además, sé que hay momentos en que los sentimientos de condenación nos persiguen porque pensamos que el amor de Dios es como el nuestro. En lugar de disfrutar la bondad de Su gracia, nos preguntamos si nos rechazará, porque somos prontos para rechazar a otros. Estos son los momentos en los que debemos recordar que Dios no es como nosotros. Él no nos ama porque somos encantadores; no, Él nos ama por pura gracia. Recuerda, Su amor llegó a nosotros cuando éramos Sus enemigos. ¿Por qué nos dejaría ahora que somos Sus hijos amados? Cuando tu corazón te acusa y te dice: "¡No vales nada! ¡Mira como le has fallado otra vez!", puedes contestar confiadamente: "Es verdad que por mi cuenta no valgo nada, pero Él me ha hecho completamente justo en Su Hijo. Él ha declarado que me ama y ahora Su amor es lo más importante acerca de mí. Creo que Él no dejará de amarme, porque nunca dejará de amar a Su Hijo. Puedo comenzar a servirle nuevamente porque sé que está aquí, conmigo, sosteniéndome y dándome de Su gracia".

No más David Westerfield

El pensamiento que quiero que te lleves de este capítulo es que aunque tenías el récord de un David Westerfield ante Dios, ya no lo tienes. Puedo recordar muchas noches, cuando era joven e inconversa, en las que oraba que pudiera ser mejor, solo para descubrir al día siguiente que era la misma fracasada que siempre había sido. Sin embargo, ahora estoy agradecida porque Dios ha respondido esas oraciones por medio de Su Hijo. No soy exitosa porque por fin empecé a hacer las cosas bien. Mi corazón ha sido aquietado por Su amor, porque reconozco que Él me ha regenerado, lavado, perdonado, redimido y reconciliado. Esa vieja persona que solía ser está muerta. Una nueva persona con una identidad totalmente nueva ha surgido en su lugar: una mujer sobre la que Dios ha declarado: "Esta es Mi hija amada; estoy muy complacida en ella".

¿Puedes decir lo mismo? Si estás en Cristo, este es el precioso pensamiento de Dios respecto a ti. Está complacido contigo porque has venido a Él y te ha hecho perfectamente agradable ante Sus ojos.

En estos momentos, David Westerfield está en prisión, esperando ser ejecutado. ¿Cómo reaccionaría si el guardián le dijera: "La corte ha encontrado a otra persona culpable de ese crimen y se le castigará en tu lugar. Puedes irte y el récord de tu condena será totalmente eliminado. Se te ha dado un récord perfectamente justo en lugar del que te ganaste. Nadie recordará esto de ti jamás. Eres completamente libre". ¿Cómo respondería él? ¿Cómo responderás tú?

Entendiendo cómo el amor de Dios transforma tu identidad y tu vida

1. "Absolver al culpable y condenar al inocente son dos cosas que el Señor aborrece" (Pr 17:15). Explica cómo Dios puede absolver al "culpable" y condenar al "inocente" sin ser injusto.
2. ¿Qué significa ser justificado? ¿Cómo afecta tu justificación tu vida diaria? ¿Cómo afecta tu lucha con la autocondenación?
3. "La aceptación del creyente ante Dios es perfecta en el momento en que cree, porque Cristo y Su obra son perfectos. El estatus del creyente nunca puede ser mejorado —él posee todas las riquezas de Cristo".[5] ¿Cómo cambiaría tu vida si siempre actuaras conforme a esta verdad: "Posees toda la perfección y las riquezas de Cristo, y nada puede cambiar eso jamás"?
4. Resume en cuatro o cinco oraciones lo que aprendiste en este capítulo.

Capítulo cinco

Tu herencia

Nosotros no hemos recibido el espíritu del mundo, sino el Espíritu que procede de Dios, para que entendamos lo que por Su gracia Él nos ha concedido.

— 1 Corintios 2:12

En la clásica alegoría llamada *El progreso del peregrino*, hay un punto en el que Cristiano y Esperanza se encuentran presos en el Castillo de la Duda, dominado por un malicioso gigante llamado Desesperación. Después de pasar varios días sufriendo bajo su cruel reinado, los amigos se desesperan y comienzan a creer las mentiras que Desesperación les decía. Se preguntaban si alguna vez llegarían a ser libres otra vez. Además de este tormento interno, estaban padeciendo de un gran dolor físico por las heridas que les había causado su malvado captor. Sus palabras odiosas les debilitaban aún más: "Están en una situación sin esperanza. La única forma en que algún día serán libres de esta desgracia y miseria es acabando con sus vidas. ¡No esperen que nadie les ayude! Ustedes son los que han traído esta desgracia sobre sí mismos por no mantenerse en el camino correcto. Se merecen cada onza de este castigo que les estoy dando, y ¡nunca más serán libres!".

Día tras día les aseguraba que nunca iban a escapar de su calabozo y que al final los destruiría, tal como había hecho con los otros viajeros extraviados. Se debilitarían en esta prisión fría y húmeda hasta que finalmente sucumbieran a una muerte aterradora. Angustiado y completamente desesperanzado, el pobre Cristiano comenzó a contemplar la posibilidad de suicidarse.

"Hermano", suplicaba Cristiano, "¿qué haremos? La vida que ahora vivimos es miserable. Por mi parte, no sé si es mejor vivir así o morir. (...) ¿Seremos gobernados por el gigante?".[1]

Entonces, cuando ya no podía más y había decidido quitarse la vida, Cristiano se acordó del regalo que Dios le había hecho: "Qué necio he sido por quedarme aquí en este calabozo hediondo, ¡cuando bien puedo caminar en libertad! Tengo en mi pecho una llave llamada Promesa, que estoy seguro de que abrirá cualquier puerta del Castillo de la Duda".[2]

Poco después, Cristiano y Esperanza escaparon del Castillo de la Duda y regresaron al camino que llevaba a la Ciudad Celestial.

Entendiendo la herencia que se te ha prometido

Así como Cristiano y Esperanza necesitaban ser recordados de las promesas de Dios para poder escapar la vil cautividad de Desesperación, así también nosotros necesitamos entender la plenitud de la herencia que se nos ha dado en el evangelio. No estamos "en" Cristo de una forma ambigua y desconectada. La realidad es que somos hermanos de Cristo (Jn 20:17; Ro 8:29), miembros de Su familia y, por tanto, herederos y receptores junto con Él de *todas* las riquezas de Su Padre (Gá 4:7).

Este regalo es tan extraordinario (¡y tan maravilloso!); no podemos comprenderlo sin la ayuda del Espíritu. Por esta razón, Dios en Su gracia nos lo ha enviado "para que entendamos lo que por Su gracia Él nos ha concedido" (1Co 2:12). En lugar de pensar que Dios quiere mantener Su tesoro escondido hasta que seamos dignos de recibirlo, debemos creer que Él está sumamente interesado en que sepamos cuál es nuestra herencia *ahora* que tenemos tan gran necesidad. Quiere que aprovechemos plenamente la Llave de la Promesa para que podamos desechar todas las mentiras del Gigante Desesperación.

Gozándote en tu herencia

Debido a que últimamente mi mamá ha tenido algunos problemas inusuales de salud, hemos estado hablando acerca de sus bienes y de cómo nos los repartiríamos entre mi hermano y yo si algo le llegara a suceder. Tenemos una comunicación bastante abierta en cuanto a estas cosas, y siendo la mujer de fe que es, se siente bastante cómoda hablando acerca de cómo quiere que se distribuyan sus bienes.

Por otro lado, sé que muchas familias no ven nada bien que se hable acerca de la herencia mientras la persona está viva. Pero la perspectiva de Dios respecto a tu herencia es todo menos típica. De hecho, el deseo generoso de tu Padre es que pelees por tu herencia con todas tus fuerzas porque eso le da gloria a Él.

Dios es glorificado cuando te apropias de tu herencia, porque le muestra al mundo la magnitud de Su amor, Su misericordia y Su generosidad. Muestra Su grandeza en que así como se requiere una muerte para ejecutar un testamento, de la misma forma se requirió una muerte para poder darte tu herencia. Se necesitó la muerte del Hijo. Él quiere que valores esa muerte y que disfrutes todo lo que tienes gracias a ella.

Piensa por un momento en lo decepcionante que sería para mi madre si se hubiera esforzado con diligencia para dejarme una gran herencia, y yo le dijera que voy a dejar la herencia en el banco y que nunca la voy a usar. La destrozaría descubrir que preferiría vivir en la calle como una vagabunda, pidiendo limosnas para poder comer, que usar lo que ella me había provisto. Rechazar su regalo no sería un acto de amor y de humildad, sino de desprecio. La dicha que ella experimentaría al proveerme sería mucho menor si me ve como alguien que es demasiado autosuficiente, incrédula u orgullosa para recibir su provisión.

Tu Padre experimenta gozo cuando al darte una herencia te ve descubrirla y utilizarla. En lugar de tratar de probarle tu fuerza innata, Él es más glorificado cuando tu debilidad te enseña a ir tras todo lo que Él te ha provisto. Él es glorificado y bendecido cuando tu vida refleja las riquezas de Su gracia, ¡riquezas que "nos dio en abundancia"! (Ef 1:6, 8). Con demasiada frecuencia, somos como el pobre Cristiano, viviendo en medio de la duda y la desesperación, cuando tenemos promesas seguras que nos han sido dadas y que nos darían gozo y libertad. Nuestro fiel intercesor, Cristo Jesús, ha enviado al Espíritu para que conozcamos y disfrutemos todo lo que nos ha legado.

Como ahora vamos a ver una pequeña parte de nuestra hermosa herencia, déjame animarte a que te tomes unos momentos para pedirle al Espíritu que te ayude a entender lo que por Su gracia Él nos ha concedido" (1Co 2:9-10). Estas verdades del evangelio son necedad para el hombre natural, pero para los que se nos ha dado la mente de Cristo, son magníficas. "'Ningún ojo ha visto, ningún oído ha escuchado, ninguna mente humana ha concebido lo que Dios ha preparado para quienes lo aman'. Ahora bien, Dios *nos* ha revelado esto por medio de Su Espíritu" (1Co 2:9-10). ¿Qué ha preparado Dios para ti?

Entendiendo tu herencia

Felicidad eterna en Él

Lo más puro y perfecto de Su herencia es nuestra relación con el Señor Dios y el acceso a Su presencia. Así como los levitas no recibieron parte de la tierra porque a ellos ya se les había dado un regalo muy superior a una mera propiedad,[3] así a nuestras almas se les ha dado un tesoro mejor que cualquier cosa que podamos conseguir por nuestro propio esfuerzo. Él nos ha concedido la verdadera satisfacción del alma por medio de la comunión con Aquel que nos creó. Debido a que Él, en Su gran misericordia, nos ha dado tanto la capacidad como el deseo de conocerle, solo en Él podremos estar verdaderamente contentos. Él es el manantial de donde fluye sin cesar todo el gozo que deseamos. Por Su gracia, somos animados a acercarnos a Él con toda confianza, diciéndole: "Abba, Padre", y a recordar continuamente que Él disfruta vernos, que corre hacia nosotros, nos abraza y nos recibe con un beso (Lc 15:20). Agustín dijo sencillamente: "Dios es la felicidad del hombre". Él nos ha dado esa felicidad en Él mismo, pues en Su "presencia hay plenitud de gozo; delicias a Tu diestra para siempre" (Sal 16:11 RV60). ¿Eres consciente de Su presencia ahora? ¿Sabes que estás sentado a la diestra de Cristo, y que eso es tan seguro como que estás leyendo esta página?

¿Alguna vez te has preguntado qué es lo que hace que las buenas noticias (el evangelio) sean buenas noticias? ¿Son buenas más que nada porque a través de ellas recibes una de las tarjetas para "Salir de la cárcel, GRATIS"? No, son "buenas nuevas"[4] porque a través de ellas estás unido una vez y para siempre a Aquel quien puso en tu corazón el deseo por la felicidad. Él te hizo desearle, y Él ha cumplido tu deseo.

¿Por qué están contentas las personas "cuyo Dios es el Señor"(Sal 144:15)? Están contentas porque tienen acceso a Su presencia. *Esto* es lo que hace que las buenas noticias sean buenas. Esta es la mejor y la máxima herencia que tienes, pues como escribe John Piper:

> Todos los eventos y todas las bendiciones salvíficas del evangelio son medios para eliminar obstáculos del camino, para que podamos conocer y disfrutar plenamente a Dios. La propiciación, la redención, el perdón, la imputación, la santificación, la liberación, la sanidad,

el cielo —ninguna de esta cosas son buenas noticias a no ser por una razón: nos llevan a Dios para que le disfrutemos eternamente.[5]

VIDA ETERNA EN SU PRESENCIA

Nuestra relación con Dios no solo nos permite disfrutar ininterrumpidamente de Su cercanía, sino que también nos da la vida eterna. Esta vida comienza en el momento en que nacemos de nuevo, y nunca tendrá fin. Nuestro Señor quiere que estemos seguros de la vida eterna, que sepamos —y nunca más dudemos— que es nuestra. Con toda sencillez dijo que si creemos en Él *no nos perderemos,* sino que tendremos vida eterna (Jn 3:16), un regalo que solo Él puede dar (Jn 10:28). Hemos heredado la vida eterna simplemente por haber creído en el Hijo, y esta bendición es nuestra ahora y por siempre.

Si tienes tiempo siendo cristiano, sé que la herencia de la vida eterna te puede parecer un poco aburrida. "Vida eterna... sí, lo sé... Qué bien, ¿no?". A lo mejor te ayuda si te pongo la promesa de la vida eterna en perspectiva. La vida eterna está en contraste con un eterno "llanto y rechinar de dientes".[6] Debido a que nuestras almas son inmortales, lo opuesto a la vida eterna no es muerte eterna; no es dejar de sentir eternamente. La Biblia habla terriblemente acerca de la posibilidad de morir incesantemente mientras seguimos vivos, en un lugar donde nunca habrá esperanza alguna de que termine el sufrimiento; morir eternamente sin el alivio esperado de la muerte.

No tener vida eterna podría compararse en cierto modo a la experiencia de Cristiano en el Castillo de la Duda, siendo golpeado día tras día por el garrote del Gigante Desesperación. Sería un verdadero infierno recordar (¡y nunca olvidar!) que una vez tuviste en tus manos la Llave de la Promesa y que siempre la desechabas por tu orgullo e incredulidad. Ya no poder recibir la bendición de la misericordia de Dios, saber que has cometido un error del cual nunca te recuperarás, nunca tener otra oportunidad —estos son los pensamientos que atormentarán eternamente a un alma que no ha heredado la vida eterna.

Todas las personas, creyentes e incrédulos, ahora vivimos a la luz de la gracia común de Dios. No existe un lugar en toda la tierra en el que no se estén experimentando sus bendiciones de alguna manera u otra.[7] Pero existe un lugar en el que aquellos que no tienen la vida eterna comprenderán plenamente la angustia del clamor de Cristo, cuando dijo: "Dios mío, Dios mío ¿por qué me has desamparado?" (Mt 27:46). Lo opuesto a la vida eterna que has heredado es la angustia de ser abandonado por Dios *para siempre* (2Ts 1:9).

He escrito acerca del sufrimiento eterno porque quiero que disfrutes y utilices todas las bendiciones de tu herencia. En lugar de dejar la vida eterna para el futuro, debemos darnos cuenta de que Su vida es nuestra ahora, especialmente en esos días en que luchamos contra la incredulidad y el pecado, y somos tentados a pensar que Él está tan decepcionado de nosotros que seguramente nos abandonará. El evangelio nos dice que ser abandonado es parte del castigo por el pecado que nuestro Salvador recibió en nuestro lugar. Si estás en Cristo, no importa cómo haya sido tu día, no importa cuántas veces hayas metido la pata, Su vida es tuya. "Cada mañana se renuevan Sus bondades" porque Él es fiel para renovar y sostener a los Suyos (Lam 3:22-24); ciertamente, *misericordia* es lo que Él ha declarado sobre ti. Su amor ha desterrado el peso de la condenación eterna de tu alma. La fidelidad inquebrantable es *Su* distintivo, no el nuestro.

Sin embargo, hay formas en las que seguimos esperando la realización plena de los beneficios de la vida eterna. Como aún no la hemos experimentado por completo, seguimos anticipando el amanecer del día en que la separación y el fracaso se disiparán como la niebla de la mañana. Mientras tanto, tenemos que seguir predicándole esta verdad a nuestros corazones: pronto llegará el día en que Cristo estará tan cerca de nosotros, que todas nuestras dudas, incredulidades y pecados serán quemados con la luz de Su presencia. Con ese día en mente, podemos perseverar en medio de nuestras luchas hoy.

Reconciliación y paz con Él

"En consecuencia, ya que hemos sido justificados mediante la fe, tenemos paz con Dios por medio de nuestro Señor Jesucristo" (Ro 5:1). ¿Cuánto tiempo ha pasado desde que la maravilla de estas palabras impactó tu corazón? Se nos ha dado completa reconciliación y paz con el santo Rey del cielo. No tenemos que andar pensando que está enojado con nosotros o que nos quiere castigar. No, Él está en paz con nosotros.

Por favor, no te confundas. Es cierto que la paz que Dios nos ha dado le da tranquilidad a nuestras almas, pero eso no es lo principal. Es el fin de la hostilidad entre nosotros, los rebeldes, y un gobernante justo y omnipotente. Al darnos paz, nos está diciendo que aunque una vez fuimos Sus enemigos, Él ha eliminado la oposición que tenía hacia nosotros. Los que una vez fuimos objetos de Su ira (Ef 2:3), ahora hemos sido acercados a través de la sangre de Cristo (Ef 2:13). Los que una vez estábamos "alejados de Dios" y éramos "Sus enemigos", ahora hemos sido reconciliados "en el cuerpo mortal de Cristo mediante Su muerte" (Col 1:21-22). *Él proveyó el pago que Él mismo demandó.* No es como los dioses paganos, que demandan un sacrificio de sangre para aplacar su ira caprichosa. No, Él es un Rey santo que ha sido profundamente ofendido por nuestra rebelión, pero que ha tomado el castigo que demandó por ese pecado y lo ha puesto todo sobre Sí mismo. Por esta razón, ya no necesitamos temer al acercarnos a Él con nuestro pecado. *Toda* la ira justa que sentía hacia Sus hijos rebeldes fue derramada sobre Su Hijo. Ahora podemos acercarnos a Él confiadamente, sin temor y con confianza. Cuando nos acercamos a Él, nos extiende Su cetro de paz y nos da la bienvenida.

¿Por qué son tan importantes la reconciliación y la paz? Son importantes porque muchos creyentes serios pasan su día bajo una terrible nube de tristeza. Leen que su Dios es un Dios de amor, pero esa verdad no impacta sus corazones. Piensan que Dios está constantemente buscando una razón para castigarlos y viven atemorizados pensando que en algún momento se dará cuenta de lo que están haciendo —como si estuvieran en Mordor, observados por el ojo de Sauron, que todo lo ve. Aunque nada puede estar más lejos de la verdad, así es como viviremos si estamos tratando de vivir una vida piadosa mientras que ignoramos el evangelio, y nuestra existencia siempre será controlada por el miedo. Solo el evangelio puede calmar nuestros corazones y hacernos capaces de estar delante de Él con confianza. Solo Cristo, quien recibió la ira en nuestro lugar, nos puede dar la seguridad que necesitamos para ser transparentes delante de Aquel cuyos ojos todo lo ven, incluyendo lo que somos en lo más profundo del corazón. Inmediatamente después de esta terrible declaración: "Ninguna cosa creada escapa a la vista de Dios. Todo está al descubierto, expuesto a los ojos de Aquel a quien hemos de rendir cuentas", viene este mensaje reconfortante:

> Por lo tanto, ya que en Jesús, el Hijo de Dios, tenemos un gran Sumo Sacerdote que ha atravesado los cielos, aferrémonos a la fe que profesamos. Porque no tenemos un Sumo Sacerdote incapaz de compadecerse de nuestras debilidades, sino uno que ha sido tentado en todo de la misma manera que nosotros, aunque sin pecado. Así que acerquémonos confiadamente al trono de la gracia para recibir misericordia y hallar la gracia que nos ayude en el momento que más la necesitemos (Heb 4:13-16).

Podemos perseverar porque Él ha traspasado los cielos y ahora intercede por nosotros, dándonos misericordia, gracia y ayuda en medio de nuestra gran necesidad. Ya no es nuestro enemigo; no está enojado. Él ha hecho las paces con nosotros, y pagó un alto precio.

Cuando luchamos contra el pecado y nos preguntamos si nuestra fe le agrada, o si Él realmente está con nosotros, podemos saber con certeza que Él está completamente reconciliado con nosotros, ahora y para siempre. ¿Le diría alguna vez a Su Hijo que Su sacrificio simplemente no fue suficiente y que tiene más ira que derramar? Claro que no. Y tampoco nos lo dirá a nosotros.

Hemos sido redimidos

En nuestra sociedad sedentaria, se nos anima a que hagamos ejercicio. Mi preferencia personal es la natación, mientras que otros disfrutan montar bicicleta, las maquinas elípticas o las caminadoras. Sin embargo, en la Inglaterra victoriana, las caminadoras no se encontraban en los gimnasios con aire acondicionado —se encontraban en las cárceles.

Las caminadoras, o molinos de rueda, como se les llamaba, se utilizaban en las prisiones como una forma de castigo. Algunas caminadoras eran productivas, molían trigo o transportaban agua, pero otras eran puramente punitivas por naturaleza. Castigaban a los prisioneros haciéndoles pasar la mayor parte del día caminando sobre un plano inclinado, sabiendo que todo su esfuerzo era en vano. La única esperanza que el prisionero tenía era que algún día finalmente terminara de "pagar su deuda" a la sociedad y fuera dejado en libertad. No podían ver el fruto de su labor al final del día, así que ni siquiera podían consolarse pensando que al menos había sido productivo.

Antes de que nuestro Padre nos redimiera, éramos esclavos del pecado (Jn 8:34). Conscientes de ello o no, pasábamos nuestra vida haciendo cosas inútiles, caminando sobre la pendiente, yendo a ningún lado, produciendo nada de valor, esperando el castigo eterno. No importaba qué tan lindo decoráramos nuestra caminadora o que tanto tratáramos de sobresalir en la caminata; todo nuestro esfuerzo no disminuía nuestra deuda en lo más mínimo. De hecho, la estábamos aumentando.

Parte de tu herencia es que a pesar de que alguna vez fuiste esclavo del pecado, Cristo pagó la deuda para obtener tu libertad. Él prometió: "Así que, si el Hijo los libera, serán ustedes verdaderamente libres" (Jn 8:36). Al pagar la deuda que no podías pagar, Él te ha liberado de la esclavitud al pecado, y ahora no eres simplemente un esclavo o sirviente de alguien más, sino ¡un hijo de Dios! La deuda que le debías a un Dios santo por haber violado Su ley justa no ha sido ignorada; ha sido pagada por completo. La sangre de Cristo fue el pago por medio del cual fuimos liberados de la esclavitud al pecado y de toda consecuencia de esa esclavitud. Así que, tal como escribió el puritano William Cowper: "El hombre libre es aquel que ha sido libertado por la verdad, y todos los demás son esclavos".[8] ¡Ya no eres esclavo del pecado! ¡Ahora eres un hijo!

El amor de Dios por los huérfanos

En septiembre del 2015, había aproximadamente 500,000 niños en el sistema de *Foster Care* en los Estados Unidos (un sistema de adopción temporal manejado por el Estado).[9] La mayoría de estos pobres niños nacieron de padres que no los querían o que no les fue posible cuidar de ellos, así que fueron enviados a vivir con otras familias por una variedad de razones. Sería muy triste pasar tu niñez preguntándote quién eres, si alguna vez serás amado o a qué lugar perteneces,

Aunque la situación del *Foster Care* es alarmante, existe una realidad aún más trágica: muchos de nosotros vivimos como si Dios nos hubiera adoptado temporalmente. Aunque no tenemos dudas de que hemos sido adoptados en la familia de Dios, nos cuesta creer que Su compromiso de ser nuestro Padre no depende *en ninguna manera* de nuestro comportamiento diario.

Puedes saber si estás viviendo como un hijo temporal por la forma en que respondes al pecado y al sufrimiento. Cuando pecas, ¿tu *primera* reacción es ir a la cruz o hacer un análisis de tu récord? ¿Tu pecado te lleva a estar agradecido por Jesús? ¿Te hace amarlo más o alejarte de Él? ¿Te arrepientes rápidamente o te escondes, esperando compensarlo y hacerlo mejor la próxima vez? ¿Alguna vez has dicho algo como: "Sé que metí la pata aquella vez, pero si me das otra oportunidad lo haré mejor"? Si es así, entonces sigues viviendo como un hijo temporal.

Segundo, cuando te enfrentas a las pruebas y al sufrimiento, ¿tu primer respuesta es mirar hacia atrás en tu vida y ver si existe alguna razón por la cual Dios te está castigando? ¿Eres obsesivo con el cumplimiento de tus disciplinas diarias? ("*¿Cómo está mi vida de oración? ¿Leí mi Biblia? A lo mejor debí ayunar ayer...*"). ¿Inspeccionas cada pensamiento, palabra y hecho buscando alguna falla que te haga merecedor de la difícil situación en la que te encuentras? ¿Alguna vez te has preguntado: "¿Qué he hecho para merecer esto?". O ¿has sido tentado a pensar que Dios reparte golpes caprichosamente como un abusador borracho, o que solo está esperando el momento en que pueda deshacerse de ti?

Aunque Dios nos disciplina o nos entrena como el Maestro de maestros que es (Heb 12:5-13), Su obra en nuestras vidas *nunca* es punitiva; *siempre* es redentora. Esto quiere decir que no nos castiga por nuestro pecado, más bien, por Su gran amor, nos libra de las mentiras, ideas erróneas e idolatrías que nos cautivan y esclavizan nuestro corazón. Él *nunca* nos castiga con ira porque ya no le queda nada de ira. *Cada gota* de Su ira fue derramada sobre Su Hijo.

Los hijos temporales (o los hijos de abusadores) son los que suelen creer que su posición en la familia depende de su rendimiento diario, y que si fallan serán víctimas de la crueldad o el abandono. Si piensas que las pruebas en tu vida son castigos que vienen de las manos de un Dios iracundo, el evangelio ha perdido su impacto en tu alma. Se te ha olvidado que has sido adoptado por el Padre santo, amoroso y puro que se ha comprometido contigo y que ha sellado ese compromiso con sangre.

Es imprescindible que dejemos de vivir como hijos temporales, pues si nuestras vidas son controladas por el temor al castigo o al abandono, terminaremos obsesionándonos con nuestro rendimiento y pensando que nuestras obras nos justifican. Tratar de nunca ofender a alguien, comportarnos de la mejor manera, tratar de compensar por nuestros errores pasados —ninguna de estas cosas te ayudará a cultivar la verdadera piedad. No, solo resultará en más pecado y autocondenación, porque vivir bajo la ley (¡cualquier ley!) solo crea más pecado— siempre (ver Romanos 7). *La obediencia cristiana tiene que ser motivada por el amor a Dios, en respuesta a Su maravillosa gracia, o está destinada al fracaso.* Y solo puede ser motivada por el amor cuando sabemos que nuestra relación con nuestro Padre celestial es eternamente segura.

Si queremos conocer la plenitud de la gracia, vida y poder de Dios en nuestras vidas, solo hay una forma de hacerlo. Debemos conocer "ese amor que sobrepasa nuestro conocimiento" (Ef 3:19). Recordar el amor de Cristo en el evangelio no es solo una invitación a la familia de Dios, sino que también es el fundamento de nuestra experiencia de Su persona. La meditación constante en el amor de Cristo es lo único que aumentará nuestro anhelo de estar con Él. Sin ella, estaremos temerosos de estar tan cerca de Él; aunque intentemos servirle, no le dejaremos entrar a nuestras vidas.

Él está cuidando nuestra herencia

¡Alabado sea Dios, Padre de nuestro Señor Jesucristo! Por Su gran misericordia, nos ha hecho nacer de nuevo mediante la resurrección de Jesucristo, para que tengamos una esperanza viva y recibamos *una herencia indestructible, incontaminada e inmarchitable. Tal herencia está reservada en el cielo para ustedes, a quienes el poder de Dios protege mediante la fe* hasta que llegue la salvación que se ha de revelar en los últimos tiempos (1P 1:3-5).

¿Cómo heredamos todas estas riquezas? A través de la muerte y resurrección del Hijo que nos hizo nacer de nuevo. ¡Hemos sido engendrados por Él! Pero aunque todo esto es cierto, ¿Cómo sabemos que estas riquezas durarán? Lo sabemos porque *Dios nos las está cuidando en el cielo*. Piénsalo: nuestra herencia está siendo guardada para nosotros mientras somos cuidados por Él.

Hemos heredado grandes riquezas, ¿no? Ahora tenemos una nueva vida que nos prepara para el cielo, pero ese no es el mayor gozo que se nos ha dado. El mayor gozo de todos es tener a Dios para nosotros mismos. Dios mismo ha declarado: "Yo seré Su Dios, y ellos serán Mi pueblo" (Jer 31:33).

Recordando la Llave de la Promesa

Mientras lucho con lo que pareciera ser pecado interminable en mi vida, para mí es muy fácil caer en el desánimo y dudar de que el cambio es posible. ¿Por qué le grite de esa forma otra vez? ¿Por qué me cuesta tanto ser genuinamente amable con él? ¿Cuándo superaré este egoísmo? Estas preguntas abruman mi corazón en medio de la lucha continua con mi pecado. Entonces, si no tengo cuidado, mis pensamientos pronto se transforman en desesperación, y dudo de que la herencia sea mía. Empiezo a ceder ante la resignación y acabo cayendo en un abismo de incredulidad y desesperanza. Es en momentos como este que el Espíritu fielmente me recuerda, como a Cristiano, que para salir del Castillo de la Duda debo usar la Llave de la Promesa. Y entonces, clamo: "Espíritu, ¡ayúdame! ¡Recuérdame mi herencia! ¡Dame la fe para creer en Tus promesas y continuar en esta batalla! ¡Calla al Gigante Desesperación, ayúdame a salir de este calabozo, y dame la fuerza para volver a levantar la espada!".

Todos tenemos momentos en los que necesitamos que nos recuerden las riquezas de nuestra herencia. Quizás lo que tienes que recordar es que lo que Dios ha prometido darte es a Sí mismo. Esta es la mejor noticia que podrías escuchar. Eres bienvenido en Su presencia, ¡Él es tuyo! Aunque una persona amada te haya abandonado o algún amigo te haya traicionado, tu pariente más cercano es la Fuente de todo gozo, y Él ha prometido que nunca jamás te abandonará (Heb 13:5).

A lo mejor estás sufriendo de un dolor físico persistente o de un miedo continuo al futuro, y necesitas recordar que ya tienes la vida eterna. Cree Su promesa de que, para ti, los días en los que hay llanto y "crujir de dientes" llegarán a su fin. Tu enemigo y tu corazón incrédulo te mienten cuando te dicen que tus circunstancias nunca van a cambiar. Ya se acerca el día en que nuestro gozo será eterno y completo, y *nada puede impedir ese amanecer.*

Si te falta confianza, si te sientes abrumado por tus fracasos, o piensas equivocadamente que Dios está perpetuamente enojado contigo, recuerda que Su Hijo cargó con cada gota de Su ira en contra tuya, y que Él está completa e irrevocablemente reconciliado contigo. Ya no queda más ira. Su actitud hacia ti hoy es la misma que ha tenido desde que te hizo Suyo: te ama y anhela que lo sepas y que lo disfrutes plenamente.

En medio de tus luchas con el pecado y la idolatría, recuerda que eres *verdaderamente* libre y que ya no estás sentenciado a las cadenas de la caminadora del pecado y del fracaso. Él pagó el rescate necesario para tu liberación del pecado, y ahora caminas en la libertad de la gloria de los hijos de Dios. Se te ha dado la habilidad para decirle "no" al pecado y "sí" a la justicia. Has sido liberado de la ley y de la esclavitud del pecado —libre para vivir tu vida en arrepentimiento humilde y obediencia agradecida.

En el siguiente capítulo estaremos viendo el único requisito que necesitas para recibir esta gloriosa herencia: la fe. Mientras tanto, permíteme animarte a que repases las Llaves de la Promesa que te han sido dadas y a que le pidas al Espíritu que te ayude a usarlas hoy —todas son tuyas.

Entendiendo cómo el amor de Dios transforma tu identidad y tu vida

1. Martín Lutero escribió: "La herencia es simplemente la salvación eterna".[10] ¿Cuáles son los aspectos de tu herencia que significan más para ti? ¿Por qué?
2. A. W. Tozer escribió: "El hombre que tiene a Dios como tesoro tiene todas las cosas en una. Podrán negarle muchos tesoros ordinarios, o si se le permite tenerlos, el disfrute de ellos será tan moderado que nunca serán necesarios para su felicidad. O si acaso debe despojarse de ellos, uno detrás del otro, apenas sentirá una sensación de pérdida, pues al tener a la Fuente de todas las cosas, tiene toda la satisfacción, todo el placer, todo el deleite en Uno solo".[11] Responde a esta reflexión.
3. ¿Vives como un hijo temporal? ¿Cómo respondes a tu propio pecado? ¿Te consuela el amor de Cristo y Su perfección, o tratas de esconderte de Él hasta que puedas hacerlo mejor? ¿Cómo respondes al sufrimiento? ¿Eres tentado a pensar que Dios te está castigando? ¿Cuál es la diferencia entre castigo y disciplina redentora?
4. En este breve capítulo no consideramos el hecho glorioso de que Dios nos llama ¡*Su* herencia! Somos Su posesión (1P 2:9), Su tesoro. Somos llamados a vivir para la "alabanza de Su gloria" (Ef 1:12; ver también Is 62:3, Zac 9:16). ¿Cuál es la herencia que tiene en ti? ¿Por qué te llamaría Su tesoro?
5. Resume en cuatro o cinco oraciones lo que aprendiste en este capítulo.

Capítulo seis

¡Mira y vive!

*Como levantó Moisés la serpiente en el desierto,
así también tiene que ser levantado el Hijo del Hombre,
para que todo el que crea en Él tenga vida eterna.*

— Juan 3:14-15

Bajo el manto de la oscuridad, mientras el resto de Jerusalén se preparaba para la celebración de la Pascua, un líder religioso intentaba reunirse a escondidas con un predicador ambulante popular. No sabía que se iba a encontrar cara a cara con el Cordero eterno de Dios; no se percató de que su vida, la que él conocía, estaba por terminar.

"Rabí", le dijo, "sabemos que eres un maestro que ha venido de parte de Dios, porque nadie podría hacer las señales que Tú haces si Dios no estuviera con él (Jn 3:2).

Nada diferente al joven rico, Nicodemo probablemente anticipaba que Jesús le respondiera mostrándole la misma cortesía y respeto con que él le había dirigido la palabra. Pero Jesús nunca perdía tiempo intercambiando vanas cortesías. Él conocía el nombre de Nicodemo desde antes de la fundación del mundo, así que inmediatamente comenzó a prepararlo para incluirlo en Su familia. Ajeno a su ceguera y a la herida mortal que había en su alma, Nicodemo solo podía recibir la vida eterna de una forma: aniquilando su autoconfianza, su justicia propia y su autonomía.

"De veras te aseguro que quien no nazca de nuevo no puede ver el Reino de Dios", dijo Jesús (Jn 3:3).

Nicodemo, casi tartamudeando, respondió algo como: "¿Qué dices? No entiendo. ¿Cómo podría hacer eso? No querrás decir...".

Y Jesús le insistió: "Yo te aseguro que quien no nazca de agua y del Espíritu, no puede entrar en el Reino de Dios" (Jn 3:5).

Pero, ¿cómo? Las palabras de Cristo eran tan impactantes que Nicodemo debe haberse sentido como si se hubiera caído de cabeza en un torbellino de confusión, en el que cada una de las creencias que tanto valoraba había sido arrancada de raíz, y donde todo suelo firme se había hundido bajo las aguas turbulentas. "Sé que este hombre es de Dios porque he visto lo que puede hacer. No está loco, pero ¿de qué habla? ¿Me volví loco? ¿Cómo puedo nacer de nuevo? ¿Cómo podría...?".

Desbordando con abundante misericordia, el Salvador de Nicodemo continuó destrozando todo rastro de su autoconfianza en este orgulloso fariseo.

Esto es algo que solo el Espíritu puede hacer. "Tú eres maestro de Israel, ¿y no entiendes estas cosas?" (v 10). El Pescador de Hombres, con la destreza que le caracterizaba, puso el anzuelo dentro del alma de Nicodemo. Nicodemo, aquel erudito piadoso, estaba indefenso. Producir vida eterna en su corazón era igual de imposible para él que lograr su propia concepción en el vientre de su madre. Necesitaba una ayuda externa —desde una Fuente que aún no conocía.

"Como levantó Moisés la serpiente en el desierto, así también tiene que ser levantado el Hijo del Hombre, para que todo el que crea en Él tenga vida eterna" (vv 14-15).

Su mente seguro se llenó de un sinfín de preguntas: "¿Qué? ¿La serpiente en el desierto? ¿Acaso soy parte de esa turba incrédula y deshonrosa que murió bajo la ira de Jehová en el desierto? ¿Crees que me haya infectado con algún veneno imperceptible? ¿Soy igual que ellos? ¿Quién eres tú? ¿Eres la serpiente de bronce? ¿Cómo serás 'levantado'? ¿Qué me estás llamando a creer?".

Tres años después, el Espíritu le recordaría a Nicodemo las palabras de Cristo. Sin duda, el contemplaría la escena sangrienta del Calvario, y creería y viviría. "Ah, ahora entiendo. Tú eres la serpiente de bronce, y ahí estas, levantado entre el cielo y la tierra para que yo te vea". Aunque estaba clavado en una cruz, las manos del Salvador abrieron sus ojos ciegos, detuvieron la descomposición de un alma infectada por el aguijón de la muerte, e hicieron que Nicodemo mirara a Jesús para que pudiera creer y vivir.

Estoy segura de que, al igual que Nicodemo, conoces la historia del Antiguo Testamento que cuenta acerca de las feroces serpientes, y de una serpiente de bronce colgada de una vara. Pero como nuestro Señor pensó que entender esta historia era clave para entender Su misión y nuestra respuesta a la misma, permíteme recordártela una vez más.[1]

SERPIENTES EN EL DESIERTO

Debido a que los israelitas se habían quejado incesantemente contra el Señor, Él les envió serpientes aterradoras para humillarles. Muchos de los israelitas fueron mordidos y murieron, y pronto les acompañarían muchos otros. El pueblo se acercó a Moisés, y le dijo: "Hemos pecado al hablar contra el Señor y contra ti. Ruégale al Señor que nos quite esas serpientes" (ver Nm 21:4-9). He tratado de meterme en esta historia: ¿Cómo habría reaccionado? ¿Qué hubiera pensado o dicho?

Como abuela, me dan escalofríos de solo pensar el terror de ver a mis hijos o a mis nietos siendo mordidos por serpientes furiosas. No hubiera descansado hasta encontrar una cura. Los hubiera abrazado fuertemente y tratado de consolarles. "¡Oh Dios, oh Dios, ayúdanos!". Hubiera esperado contra toda esperanza que la fuerza abrumadora de mi amor fuera suficiente para curarlos. "¡Por favor Señor, por favor, ayúdanos!". Al verlos retorcerse de dolor, hubiera enviado a mi esposo a hablar con Moisés: "¡Ruégale que ore por nosotros! Dile que estamos arrepentidos de tanto quejarnos. ¡Pídele que se lleve toda enfermedad! ¡Corre, por favor, corre! ¡Encuentra un cura, trae liberación!".

No me puedo imaginar la confusión, el enojo, la desesperanza y el miedo que hubiera llenado mi corazón al escuchar del remedio extraño del Señor. "Moisés está haciendo una serpiente de metal y la pondrá sobre un asta, y Jehová ha prometido que todos los que la vean van a vivir". "¿Qué? ¿Cómo va a ayudar eso? Lo que necesitamos es ayuda *de verdad*, un antídoto poderoso, alguien que nos diga cómo luchar contra este veneno, ¡no un débil símbolo de una serpiente colgada de un asta!".

Pero quizás una de mis nietas escucharía las extrañas palabras que estaban siendo reportadas, y gritaría: "¡Ayúdenme! ¡Cárguenme para que pueda verla! No puedo voltear mi cabeza. Voltéenme hacia el asta. Sé que si tan solo puedo verla me voy a curar". Y luego, en medio de mi desesperación, voltearía su cabecita y estaría maravillada al ver sus músculos relajarse, hasta que estuviera completamente sana.

Fe en el Dios que nos ama

Estoy segura de que Nicodemo, siendo un líder intelectual, entendía los hechos históricos de la historia que acabamos de repasar. Aun así, estaba totalmente ciego a su verdadero significado. Él no sabía que revelaba a un Dios cuyo amor era tan poderoso, y cuya misericordia era tan abundante, que enviaría a "Su propio Hijo en condición semejante a nuestra condición de pecadores" para que se hiciera "maldición" por él (Ro 8:3; Gá 3:13). No sabía que estaba conversando con la verdadera Serpiente de Bronce. Una breve conversación con el Cristo dejó a Nicodemo hecho pedazos. Era amado, y ese amor era lo suficientemente poderoso como para matarlo y resucitarlo.

Con lo que hemos visto hasta ahora en el libro, he querido mostrarte algunas de las maravillosas bendiciones que son tuyas a través de las buenas noticias del evangelio. Gracias al amor de Dios, tenemos una identidad que es totalmente nueva; hemos sido adoptados, reconciliados, redimidos, perdonados y justificados. Pero creo que ya sabes que estos dones extraordinarios no son para todo el mundo. Hay una condición para recibir estas bendiciones; esa condición es la fe.

La fe es uno de esos conceptos muy usados que más o menos conocemos, pero que usualmente no somos capaces de definir. Muchos de nosotros sabemos que somos salvos solo por la fe, pero ¿qué significa eso en realidad? ¿En qué consiste la fe salvífica? ¿Hay doctrinas específicas con las que debo estar de acuerdo? ¿Es la fe más que simplemente decir que sí creo? ¿De dónde viene?

Me parece muy instructivo que la primera declaración que Jesús hace después de hablar acerca de la figura de la serpiente de bronce sea una poderosa declaración acerca del amor de Dios: "Como levantó Moisés la serpiente en el desierto, así también tiene que ser levantado el Hijo del Hombre, para que todo el que crea en Él tenga vida eterna. Porque tanto amó Dios al mundo, que dio a Su Hijo unigénito, para que todo el que cree en Él no se pierda, sino que tenga vida eterna" (Jn 3:14-16).

Sus palabras son: "...tanto amó Dios... que dio...". La fe comienza, entonces, con una invitación a mirar a Aquel a quien el Padre envió. Dios inicia la transacción enviándolo en amor, y nos pide que respondamos a Su generosidad compasiva creyendo que Él es *así* de bueno. "Estás mortalmente herido, pero te amo. Mírame. Yo he provisto el único remedio que necesitas". Y continúa con una promesa: "Si crees en Mí, te daré la vida eterna".

La fe, entonces, es simplemente creer que hay un Dios que nos ama, a pesar del veneno del pecado que afecta nuestra alma. Es creer que Él nos ama a pesar de que, al igual que los israelitas, no tenemos nada que ofrecerle más que maldad, enfermedad y una quejumbrosa miseria. Es creer que Él nos invita a mirarle, a confiar en Él, y confiar que Él hará lo que dijo que iba a hacer. Es creer que si quitamos la mirada de nosotros mismos y la ponemos en Él, nos dará vida. El Señor Jesús caracteriza la simplicidad y la certeza de la fe salvífica, diciendo que Su Padre quiere darle vida eterna a todos los que *le miren* y *crean en* Él. "Porque la voluntad de Mi Padre es que todo el que reconozca al Hijo y crea en Él, tenga vida eterna, y Yo lo resucitaré en el día final" (Jn 6:40).

Ejercicios visuales que salvan

Deja de leer por un momento. Levanta la mirada y fija tus ojos en otra cosa, y luego regresa a tu lectura. En un sentido, eso es todo lo que Él quiere que hagas. Quitar tus ojos de esta página y moverlos hacia otro objeto no requiere una gran habilidad, un profundo entendimiento ni una fuerza monumental. Simplemente requiere el deseo de hacerlo. Eso es tener fe: dejar de mirarte a ti mismo para mirar a Otro.

Aunque esa es una definición verdadera de la fe, hay que ampliarla un poco más. Para ayudarte a entender lo que es la verdadera fe, pensemos de nuevo en esa niñita en el desierto. Si ella hubiera mirado a la serpiente de bronce con cinismo, o solo la hubiese ojeado con curiosidad, no hubiese sido un agente de sanidad para ella, ¿cierto? No tenía poderes mágicos en sí misma.[2] En ese sentido, estoy muy segura que había gente parada a los pies de la cruz, viendo al Señor morir, y que no heredaron automáticamente la vida eterna. No, la serpiente de bronce y el Hijo crucificado son agentes de sanidad *solo* cuando nuestra mirada evidencia nuestra fe en que Dios nos dará todo lo que sea bueno para nuestra alma. La fe, entonces, es la confianza en el amor y la misericordia de Dios. Es esperar por una misericordia que no se ve; es la convicción de que Dios desea bendecirnos (Heb 11:1).

Existe algo en el corazón de todos los dadores, y en el corazón de Dios en particular, que se indigna ante la posibilidad de que un regalo precioso sea rechazado. De la misma forma en que mi madre se ofendería si yo rechazara su oferta de una herencia, así Dios se ofende si nos negamos a creer que Él es lo suficientemente misericordioso y amoroso como para darnos cosas buenas a pesar de nosotros mismos. El escritor de Hebreos capta este pensamiento en 11:6: "En realidad, sin fe es imposible agradar a Dios, ya que cualquiera que se acerca a Dios tiene que creer que Él existe y que recompensa a quienes lo buscan".

Para que podamos encontrarnos en la envidiable posición de "agradar a Dios", debemos tener fe en que el Dios invisible realmente está aquí, y que Él recompensará nuestra búsqueda de Él; eso fue todo lo que le pidió a los hijos de Israel y es todo lo que nos pide a nosotros.

> Tendremos una definición completa de la fe si decimos que es un conocimiento firme y seguro del favor de Dios hacia nosotros, basado en la verdad de una promesa gratuita que disfrutamos si estamos en Cristo... Cuando se nos dice que nuestra seguridad está atesorada en Él, eso nos lleva a buscar más de Él; esto lo confirmamos cuando Él declaró que estaba profundamente interesado en nuestro bienestar... Sería inútil saber que Dios es verdad, si Él no nos atrajera a Sí mismo con amor. No podríamos echar mano de Su misericordia, si Él no nos la ofreciera.[3]

Pero mi herida es demasiado grande

Volvamos a nuestra niña en el desierto. ¿Qué tal si pasara sus últimos momentos mirando su herida y pensando en lo terrible que era? ¿Qué tal si se la pasara examinándola, pensando que nunca se iba a mejorar, creyendo que ella merece morir por haberse quejado contra Dios junto a sus padres? ¿Qué tal si esperara hasta mejorarse antes de mirar hacia arriba porque sabe que no merece la sanidad? Se hubiera muerto mirándose a sí misma. Si se queda pensando en que sus heridas eran demasiado serias para ser sanadas tan fácilmente, no recibe el regalo que Dios estaba ofreciendo (tal como le pasó a Naamán,[4] el leproso del Antiguo Testamento). Esta es la ruina para todos los que piensan que sus pecados y fracasos son más grandes que la gracia de Dios.

Levanta la mirada del libro una vez más y enfócate en ese otro objeto por un momento. Cuando miraste a otro lado, ya no podías leer esta página, ¿verdad? De la misma forma, el Señor nos pide que fijemos los ojos en Él y no en las otras toxinas del pecado que hay en nuestro corazón (Is 45:22; Miq 7:7).[5] Nos invita a que miremos fuera de nosotros mismos y nuestras necesidades, y que nos enfoquemos en Su abundante provisión, o como dijo claramente A. W. Tozer: "Deja de perder el tiempo mirando tu alma y mira hacia Aquel que es perfecto".[6]

Mi herida no está tan mal

Puedo imaginarme a otra niña en el desierto, quizás una más grande, pensando que la respuesta de Dios era ridícula. Al escuchar la invitación de Dios a través de Moisés, quizás ella se burló y continuó tratando de mejorar su condición con sus propios esfuerzos. Quizás ella pensó que en realidad no estaba tan mal. Quizás ella asumió que como ella no se había quejado mucho, la mordida de la serpiente solo la haría sentirse un poco mal y no la mataría. Esta es la perdición para todos los que piensan que sus pecados son insignificantes y que la gracia de Dios en Cristo es una reacción exagerada. Ella morirá junto con todos los otros que no miraron. Al igual que Nicodemo, muchos de nosotros necesitamos que nuestra autosuficiencia y nuestra autoconfianza sean aniquiladas para llegar a estar dispuestos a mirar a Cristo en fe y creer.

Es fácil ver por qué Pablo dijo que la cruz era una piedra de tropiezo para los religiosos santurrones e insensatez para los hedonistas profanos (1Co 1:23), ¿no? Si somos demasiado introspectivos y excesivamente conscientes de nuestros fracasos, o ciegamente orgullosos y autosuficientes, el evangelio nos reta a quitar nuestra mirada de nosotros mismos y a mirar a Otro en fe.

SUS OJOS BUSCANDO LOS TUYOS

¿Que descubrirás cuando vuelvas tu mirada hacia el Señor y empieces a depender de Él? Lo encontrarás con Sus ojos puestos sobre ti, deseoso de bendecirte. Jesús nos ha dado un maravilloso ejemplo de la expectante vigilancia del Padre en Lucas 15. Cansado de tener que estar peleando con los cerdos para poder comer, el hijo pródigo finalmente "recapacitó" y emprendió el camino a casa. Estoy segura de que, a medida que se acercaba, buscaba desesperadamente alguna señal de su casa en la distancia. Pero él no era el único que estaba buscando:

> Así que emprendió el viaje y se fue a su padre. *Todavía estaba lejos cuando su padre lo vio y se compadeció de él; salió corriendo a su encuentro, lo abrazó y lo besó.* El joven le dijo: "Papá, he pecado contra el cielo y contra ti. Ya no merezco que se me llame tu hijo". Pero el padre ordenó a sus siervos: "¡Pronto! Traigan la mejor ropa para vestirlo. Pónganle también un anillo en el dedo y sandalias en los pies. Traigan el ternero más gordo y mátenlo para celebrar un banquete. Porque este hijo mío estaba muerto, pero ahora ha vuelto a la vida; se había perdido, pero ya lo hemos encontrado". Así que empezaron a hacer fiesta (Lc 15:20-24).

¿No es esta una representación gloriosa de la actitud misericordiosa de Dios hacia nosotros? Estando nosotros lejos, Su compasión lo abruma y ¡*Él* corre hacia *nosotros*! No está sentado esperando a que nos arrastremos y demostremos que estamos verdaderamente arrepentidos. Él no permite que vengamos a Él como si fuéramos jornaleros (v 19). No, si vamos a regresar a Él, entonces Él va a disfrutar el placer de bendecirnos misericordiosamente con todas las riquezas que le corresponden a un hijo legítimo. El ama ser generoso con los que no lo merecen. ¿Qué hemos de decirle cuando regresemos? Simplemente: "He pecado y no merezco tu bendición. Pero estoy confiando en que eres tan misericordioso como dices ser".

"El Señor recorre con Su mirada toda la tierra, y está listo para ayudar a quienes le son fieles. Pero de ahora en adelante tendrás guerras, pues actuaste como un necio" (2Cr 16:9). Dios está en una constante búsqueda, atento a los ojos que se vuelvan hacia Él en fe. ¿De qué se trata esta "fidelidad" que Dios ama bendecir? ¿Es un récord perfecto de piedad disciplinada? No. Es una simple dependencia de Él y un rechazo de todas las otras fuentes de apoyo (ver 2Cr 16:7-9). Es creer que la justificación que Dios requiere se obtiene por medio de la fe y no por nuestros propios esfuerzos (Ro 9:32).

Dios se deleita en demostrar Su poder a los que se refugian en Su gracia sin reservas. Él no frunce el ceño cuando reconoces tu necesidad y le pides ayuda en fe. No, Él se goza cuando conocemos y nos gloriamos en Su misericordia y gracia. "Pero gracias a Él ustedes están unidos a Cristo Jesús, a quien Dios ha hecho nuestra sabiduría —es decir, nuestra justificación, santificación y redención— para que, como está escrito: *Si alguien ha de gloriarse, que se gloríe en el Señor*" (1Co 1:30-31).

Es típico del Señor hacer que la fe sea tan fácil como echar un simple vistazo, ¿no es así? Pensaríamos que la salvación y todas las riquezas que la acompañan deberían requerir un esfuerzo herculino de nuestra parte —un salto gigantesco hasta los cielos para llegar a Cristo y hacerlo descender hasta nosotros, o un salto al abismo para rescatarlo de la muerte. Pero la fe salvífica no se trata de eso.

"La palabra está cerca de ti; la tienes *en la boca y en el corazón*". Ésta es la palabra de fe que predicamos: que si confiesas con tu boca que Jesús es el Señor, y crees en tu corazón que Dios lo levantó de entre los muertos, serás salvo. Porque con el corazón se cree para ser justificado, pero con la boca se confiesa para ser salvo. Así dice la Escritura: "*Todo el que confíe en Él no será jamás defraudado*". No hay diferencia entre judíos y gentiles, pues el mismo Señor es Señor de todos *y bendice abundantemente a cuantos lo invocan*, porque "todo el que invoque el nombre del Señor será salvo" (Ro 10:8-13).

No se necesita de una gran fuerza, sabiduría o habilidad para decir una palabra, ¿verdad? ¿No te parece que lo que nos ha pedido hacer está dentro de las capacidades de todos? Si Él nos dice que "la palabra de fe" que necesitamos está tan cerca de nosotros como lo está nuestro propio corazón, deberíamos ser capaces de exhalarla, ¿no? Pero la verdad es que por el veneno del pecado, somos tan débiles e indefensos que no podemos realizar ni la más simple de las tareas; somos sencillamente incapaces de creer por nuestra propia cuenta.

El regalo de Dios

Al igual que la primera niña, que estaba tan afectada por la mordida de la serpiente que no podía ni siquiera volver sus ojos hacia el agente de liberación que Dios había provisto, nos enfrentamos con un terrible dilema. Se nos ha dicho que nos esperan grandes riquezas cuando miremos a Él en fe, pero somos incapaces de lograr un movimiento tan simple como este. Así que, una vez más, Él nos muestra Su compasión abrumadora y nos provee lo que nosotros mismos no podíamos producir. Nos da el regalo de la fe salvífica. "Porque por gracia ustedes han sido salvados mediante la fe; *esto no procede de ustedes, sino que es el regalo de Dios*" (Ef 2:8).

Jesús mismo es el que pone nuestra fe en marcha —sin dejarle nada a nuestras habilidades— ,y estará velando por nosotros hasta que Su obra esté completa. Tenemos que confiar completamente en Él, "Aquel de quien depende (nuestra) fe de principio a fin" (ver Heb 12:2).[7]

La esencia de lo que creemos

¿Qué necesitamos creer tú y yo? Necesitamos creer lo mismo que creyeron los israelitas y el hijo pródigo: que estamos en una situación desesperada de pobreza espiritual, pero que Dios es bueno y misericordioso, y que si ponemos nuestra mirada en Él, nos suplirá todo lo que realmente necesitamos. Con simplemente levantar la mirada en respuesta a Su invitación, viviremos.

Viviremos porque seremos librados de la maldición que estaba sobre nosotros como malhechores. Heredaremos la bendición de aquellos que viven por fe; fe que cree que Cristo cargó con esa maldición —de hecho, se volvió maldición en nuestro lugar— y que la rectitud requerida por un Dios santo nos ha sido dada. Todo esto nos es dado únicamente sobre la base de Su maravilloso regalo, el cual recibimos por la fe (ver Gá 3:10-14).

La única condición para que la justicia de Cristo nos sea acreditada es la fe en Él. Lo que le fue revelado a Pablo y lo que luego consoló la conciencia cargada de Martín Lutero fue este simple hecho: "El justo vivirá por la fe" (Ro 1:17). ¿Qué significa esta simple declaración? ¿Qué necesito saber? Solo que tengo que creer en el evangelio, en la verdad de la justificación:

> A pesar de que mi conciencia me acusa de haber pecado gravemente en contra de todos los mandamientos de Dios y de nunca haber guardado ninguno de ellos, y aunque estoy inclinado a hacer todo lo malo, sin embargo, sin yo siquiera merecerlo, por pura gracia,

Dios me da y me acredita satisfacción, justicia y santidad perfectas de Cristo, como si nunca hubiera pecado o haya sido pecador; como si hubiera sido perfectamente obediente, de la forma en que Cristo fue obediente por mí. Todo lo que necesito hacer es aceptar el regalo de Dios con un corazón que le cree.[8]

No tenemos que tener una gran fe; solo se nos manda que creamos que Dios va a hacer lo que dice que va a hacer. ¿Cuál es esta fe que necesitamos? Es la seguridad de que Dios es demasiado bueno para mentirnos, y de que si respondemos a Su llamado de venir a Él, nunca nos va a rechazar (Jn 6:37).

Aumentando tu fe

Aunque la *cantidad* de fe que tengamos no nos puede hacer más o menos justificados, la *fortaleza* de nuestra fe crecerá en proporción a nuestra exposición a la Palabra de Dios, sobre todo porque resalta el amor de Dios por nosotros en el evangelio.

Al meditar en nuestra dulce relación con Él, cultivaremos una gratitud gozosa y una confianza humilde en nuestros corazones. Por un lado, aumentará nuestra convicción de que Él es realmente bueno y de que la obediencia no debe producir temor en nosotros (1P 3:6), porque Él nos ama demasiado como para ordenar algo que al final nos haga daño. Ya no seremos llevados a proteger nuestros intereses egoístas, porque nuestro nuevo interés es Cristo, y Cristo mismo está presentando nuestras necesidades ante Su Padre en todo momento. El orgullo y la arrogancia que una vez tomaron posesión de nuestra alma serán aplastados por el poder de la sangre derramada en el Gólgota, a la vez que percibimos quienes somos en realidad y lo que verdaderamente merecemos. El enojo y la amargura serán quitados porque recordaremos que hemos sido perdonados por Dios a través de Cristo

(Ef 4:32), así que no tenemos que pelear por nuestros derechos. Mientras seguimos tratando de crecer cada vez más en el entendimiento de nuestro Señor, de Su carácter de gracia y de nuestra necesidad de depender completamente de Él, crecerá nuestro deseo de responder en obediencia agradecida (Mt 13:18).

Considera los siguientes versículos acerca del evangelio y nota como el Espíritu ilumina y fortalece nuestra fe. ¿Cuáles son los beneficios que recibimos al escuchar lo que la Palabra dice acerca de Cristo?

- "Así que la fe viene como resultado de oír el mensaje, y el mensaje que se oye es la palabra de Cristo" (Ro 10:17).
- "¿Quién los ha hechizado a ustedes, ante quienes Jesucristo crucificado ha sido presentado tan claramente? Solo quiero que me respondan a esto: ¿Recibieron el Espíritu por las obras que demanda la ley, o por la fe con que aceptaron el mensaje? (…) Al darles Dios Su Espíritu y hacer milagros entre ustedes, ¿lo hace por las obras que demanda la ley o por la fe con que han aceptado el mensaje?" (Gá 3:1-2, 5).
- "A la verdad, no me avergüenzo del evangelio, pues es poder de Dios para la salvación de todos los que creen: de los judíos primeramente, pero también de los gentiles" (Ro 1:16).
- "El mensaje de la cruz es una locura para los que se pierden; en cambio, para los que se salvan, es decir, para nosotros, este mensaje es el poder de Dios" (1Co 1:18).
- "…a causa de la esperanza reservada para ustedes en el cielo. De esta esperanza ya han sabido por la palabra de verdad, que es el evangelio que ha llegado hasta ustedes. Este evangelio está dando fruto y creciendo en todo el mundo, como también ha sucedido entre ustedes desde el día en que supieron de la gracia de Dios y la comprendieron plenamente" (Col 1:5-6).

- "... deseen con ansias la leche pura de la Palabra, como niños recién nacidos. Así, por medio de ella, crecerán en su salvación, ahora que han probado lo bueno que es el Señor" (1P 2:2-3).

Todos los cristianos verdaderos quieren madurar en su salvación. Todos queremos dar fruto y crecer. Queremos experimentar como la obra poderosa del Espíritu en nuestras vidas nos libra del pecado, y anhelamos el día en que escuchemos esas benditas palabras: "¡Hiciste bien, siervo bueno y fiel!".

Pero también estamos en medio de una batalla feroz y constante en contra de nuestra naturaleza pecaminosa, nuestra incredulidad, nuestros deseos egoístas exacerbados por las mentiras de este mundo, y los ataques del maligno. La respuesta de Dios a estas luchas es sencilla: tenemos que armarnos con la verdad y con la coraza de la justicia. Tenemos que protegernos con la pronta respuesta que fluye del evangelio de la paz. En "toda" circunstancia, debemos tomar "el escudo de la fe" con el cual "pueden apagar todas las flechas encendidas del maligno", de la misma forma en que fue eliminado el veneno de las serpientes en el desierto. Debemos guardar nuestras mentes con pensamientos acerca de nuestra salvación y pelear valientemente en contra del mal que enfrentamos cada día con la espada del Espíritu, que es la Palabra de Dios (ver Ef 6:13-18).

¿Cómo sucede esto? Sucede por la gloriosa gracia de Dios, por supuesto, pero es la gracia la que nos llama a mirarle con fe y gratitud, creyendo que finalmente triunfaremos sobre el pecado porque Él ha prometido terminar Su obra en nosotros. Él nos llama a la fe. ¿Levantarás tu mirada hacia Él hoy? ¿Pondrás toda tu confianza en Él y creerás que Aquel que no escatimó a Su único Hijo para salvarte, también te dará cosas buenas en abundancia? El amante Salvador que fue colgado en una cruz por Nicodemo y le dio fe para creer, está buscando tu mirada. Mírale; cree en Su amorosa provisión y vive.

Entendiendo cómo el amor de Dios transforma tu identidad y tu vida

1. Considera la bondad de Dios al darnos símbolos visibles de la cruz, como el de la serpiente en el asta, que muestran verdades invisibles. Él lo hace para darnos seguridad y aliento. ¿Puedes pensar en algún otro símbolo visible de las realidades invisibles, específicamente uno que apunte hacia el evangelio? ¿Por qué crees que Dios se esmera tanto en dejarnos todos estos recordatorios?
2. A.W. Tozer escribió: "La fe es la mirada del alma a un Dios que salva... La fe es la más humilde de las virtudes. Por naturaleza, es casi inconsciente de su propia existencia. Como el ojo que ve todo lo que está delante de él y nunca se ve a sí mismo, la fe está ocupada con el objeto sobre el cual descansa y no se presta atención a sí misma en lo absoluto".[9] ¿Esta definición de la fe difiere de lo que antes pensabas? ¿En qué manera?
3. La única condición para tu nueva identidad justa es la fe en el Señor Jesucristo. La fe es simplemente un instrumento a través del cual te apropias de Cristo y de Su justicia. Ver Romanos 1:17; 3:25-26; 4:20, 22; Filipenses 3:8-11; Gálatas 2:16. ¿Te anima este nuevo entendimiento de la fe? ¿Por qué sí o por qué no?
4. ¿Te das cuenta de que la fe es simplemente un asunto de creer que Dios es tan amoroso como Él dice que es? ¿En qué aspectos te cuesta creerlo? ¿Alguna vez has cuestionado Su forma de tratar contigo o lo has acusado de ser cruel? ¿Qué te dice el evangelio acerca de esta forma de pensar?
5. Resume en cuatro o cinco oraciones lo que aprendiste en este capítulo.

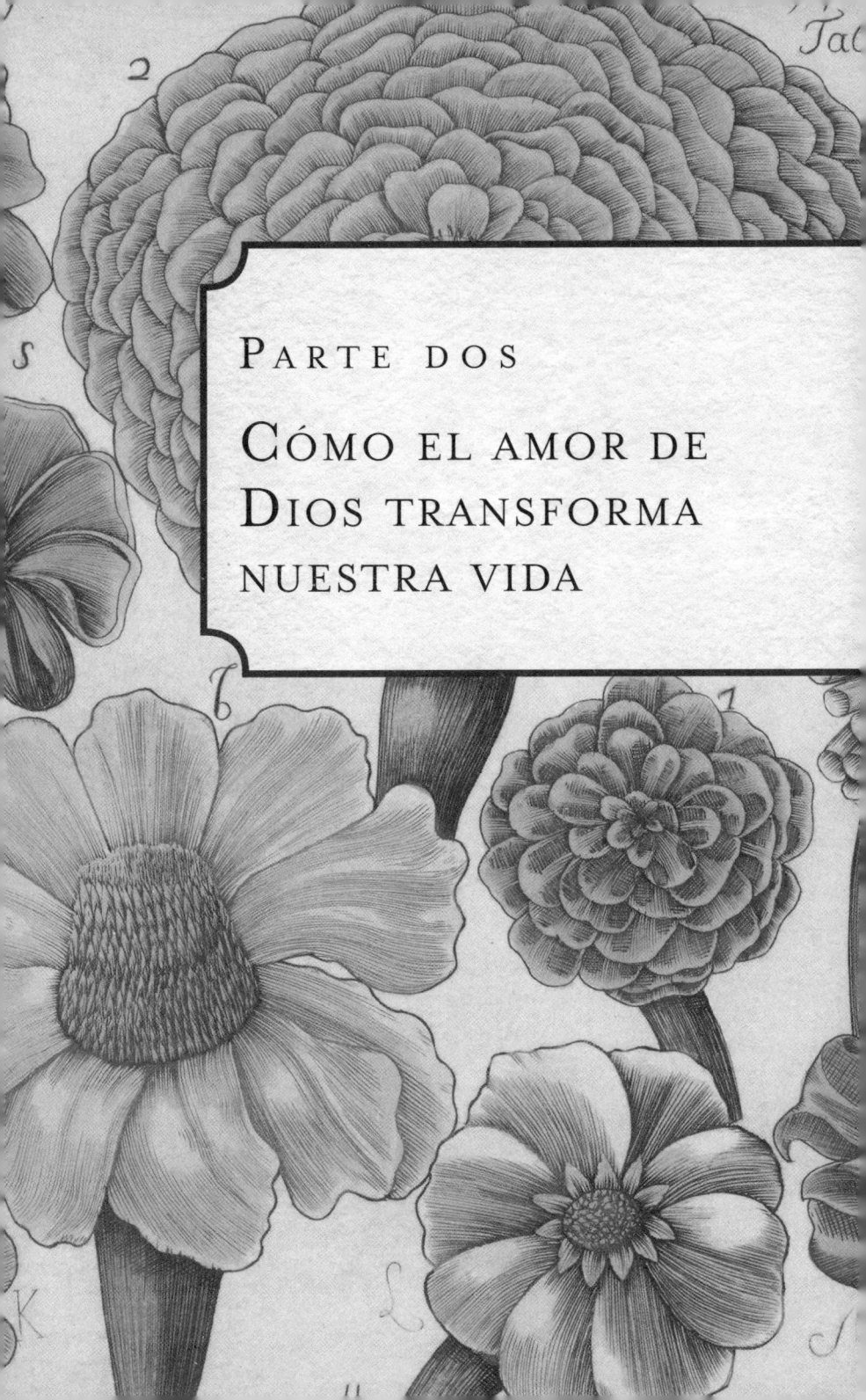

Parte dos

Cómo el amor de Dios transforma nuestra vida

Capítulo siete

Sé quien eres

Ya que han resucitado con Cristo, busquen las cosas de arriba, donde está Cristo sentado a la derecha de Dios.

— Colosenses 3:1

Los seis capítulos anteriores fueron un recordatorio del maravilloso amor de Dios por ti en Cristo, y de lo importante que es recordar Su amor cada día. Hemos visto la forma en que versículos como Juan 3:16 pueden perder su poder para motivar y transformarnos, especialmente cuando estamos tan enfocados en la lucha por vivir una vida piadosa que hasta nos olvidamos del evangelio. Hemos hablado de cómo devaluar este evangelio resulta en una ceguera espiritual que puede frenar nuestro crecimiento (2P 1:9), y de cómo muchos de nosotros funcionamos diariamente como hijos temporales, en lugar de como lo hacen los hijos que saben que son muy amados.

En este capítulo, vamos a pasar de ver cómo el amor de Dios transforma nuestra identidad, a cómo transforma nuestra vida diaria. Si en tu corazón acabas de decir: "Ah, ¡por fin!", por favor recuerda que tu crecimiento en santidad está firmemente atado a tu apreciación del evangelio y del amor de Dios, *pues lo único que te motivará a obedecerle genuinamente es una verdadera apreciación de Su amor*. La obediencia externa puede ser, y frecuentemente es, producida por otras motivaciones, como el miedo al fracaso o un deseo de aprobación, pero este tipo de obediencia (que no es obediencia en lo absoluto) solo resulta en orgullo, desesperación, autocomplacencia y, debido a que la motivación suele ser amor por uno mismo, en más pecado.

El indicativo y el imperativo... ¿Qué?

Lo que vamos a hablar ahora se puede resumir en una simple frase: "Sé quien eres". Cuando los teólogos hablan de las dos categorías que vamos a discutir, a veces usan estas palabras: el *indicativo* y el *imperativo*. Como pienso que estas dos palabras serán muy útiles en nuestro estudio, déjame definirlas. Cuando uso el término *indicativo* estoy hablando de lo que ya se ha indicado o declarado acerca de ti. El indicativo nos informa sobre una acción ya realizada. Este sería un ejemplo de una declaración indicativa: "Dios te ha perdonado en Cristo".

Por otro lado, el *imperativo* llega a nosotros en forma de orden o indicación. En Efesios 4:32, Pablo nos da esta orden: "sean bondadosos y compasivos unos con otros, y perdónense mutuamente". El Nuevo Testamento está lleno del imperativo: se nos ha ordenado que vivamos vidas renovadas.

El hermoso balance entre el indicativo (quien eres en Cristo) y el imperativo (quien estás llegando a ser en Cristo) está perfectamente demostrado en el versículo que hemos estado considerando. El versículo completo dice: "Más bien, sean bondadosos y compasivos unos con otros, y perdónense mutuamente, *así como* Dios los perdonó a ustedes en Cristo". ¿Puedes ver como el imperativo ("sean bondadosos y compasivos unos con otros, y perdónense mutuamente") está firmemente anclado al indicativo ("Dios los perdonó a ustedes en Cristo")? Este versículo muestra una hermosa interacción que no solo nos dice qué hacer, sino que también le provee a nuestras almas la única motivación que produce la obediencia que es agradable a Dios: lo que Dios ya ha hecho. *Ya* hemos sido perdonados en Cristo. Muchos de nosotros pasamos por alto las cosas que Él ha hecho y nos concentramos en lo que tenemos que hacer, y eso hace toda la diferencia del mundo. La única razón por la que somos capaces de obedecer es por lo que Dios ya hizo, y olvidarnos de esa verdad resulta en justicia propia, orgullo y desesperación.

En algunos casos, los escritores del Nuevo Testamento juntan declaraciones indicativas con imperativos tanto positivos como negativos; en otras palabras, mandamientos para dejar de hacer algunas cosas y empezar a hacer otras. Por ejemplo, podríamos leer este tipo de declaraciones: Dado que tal cosa es cierto acerca de ti (el indicativo), deberías dejar este tipo de comportamiento (el imperativo negativo) y adoptar este otro tipo de comportamiento en su lugar (el imperativo positivo). Déjame mostrarte un ejemplo de esto en Colosenses 3:

> Ya que han resucitado con Cristo [el indicativo], busquen las cosas de arriba, donde está Cristo sentado a la derecha de Dios. Concentren su atención en las cosas de arriba [un imperativo positivo], no en las de la tierra [un imperativo negativo], pues ustedes han muerto y su vida está escondida con Cristo en Dios. Cuando Cristo, que es la vida de ustedes, se manifieste, entonces también ustedes serán manifestados con Él en gloria [el indicativo]. Por tanto, hagan morir todo lo que es propio de la naturaleza terrenal [un imperativo negativo]… Por lo tanto, como escogidos de Dios, santos y amados, revístanse [un imperativo positivo] de afecto entrañable y de bondad, humildad, amabilidad y paciencia, de modo que se toleren unos a otros y se perdonen si alguno tiene queja contra otro [un imperativo positivo]. Así como el Señor los perdonó [el indicativo], perdonen también ustedes [un imperativo positivo] (vv 1-5, 12-13).

Espero que este breve estudio del indicativo y el imperativo haya servido para ayudarte a entender mejor la relación entre quien ya eres y cómo Él te ha llamado a vivir, y que sea una herramienta que puedas usar cuando estudies la Escritura en el futuro.

Imperativos impulsados por el evangelio

He invertido mucho tiempo recordándote lo que Dios ya logró en ti por Su amor. He hecho esto a propósito porque pienso que es ahí donde fallan la mayoría de los cristianos comprometidos ; y como no meditan en estas maravillosas verdades, su obediencia termina siendo un ejercicio tedioso de superación personal. Pero este énfasis en lo que el evangelio declara acerca de ti no quiere decir, en ningún sentido, que tus pensamientos acerca del evangelio deben terminar ahí, quedándose en un mero pensamiento inactivo. De hecho, los que se enfocan exclusivamente en reflexionar acerca del evangelio y "excluyen toda actividad y elogian la pasividad están equivocados".[1] Están equivocados porque para eso hay que hacer a un lado mucho de lo que la Escritura enseña claramente.

No podemos asumir que recordar el evangelio de manera constante nos hará santos automáticamente. De ser así, ¿por qué los escritores del Nuevo Testamento, hombres cuyas vidas estaban tan atadas al evangelio, habrán escrito tanto usando el imperativo? Las maravillosas declaraciones que Dios ha hecho acerca de nosotros no pueden ni deben estar desconectadas de las maravillosas expectativas que tiene de nosotros.[2] En otras palabras, *la declaración del evangelio no debe ser separada de la obligación del evangelio.* No es que ahora tengamos que desechar todo pensamiento acerca de la gracia de Dios y "ponernos a trabajar". No, pero tampoco debemos desechar todo pensamiento referente a nuestras obligaciones, y quedarnos reflexionando únicamente en Sus declaraciones. Lo que nos enseña el Nuevo Testamento respecto a este tema parece ser bastante sencillo: las declaraciones del evangelio están inevitablemente atadas a las obligaciones del evangelio.

He dicho que tanto las declaraciones del evangelio (indicativos) como sus obligaciones (imperativos) son esenciales en nuestro crecimiento para llegar a ser las personas que ya somos. Déjame darte dos ejemplos de cómo esta verdad se lleva a cabo en nuestras vidas diarias.

Obligación sin declaración

Mi experiencia me dice que aquí es donde la mayoría de los creyentes comprometidos pierden el norte. En nuestro deseo de vivir vidas que sean agradables a Dios, es fácil olvidar que la santificación (el proceso que nos lleva a ser cada vez más como Cristo) es, como escribieron los teólogos de Westminster, "un acto de la gracia de Dios".[3] Es un acto de la gracia de Dios porque Su obra *en* nosotros es previa a cualquier manifestación de santidad que surja *de* nosotros, ya sean nuestras acciones o las motivaciones que las provoquen. *Toda* nuestra obediencia es fruto de la semilla que Él ha plantado y de la obra del Espíritu en nosotros. En teoría, supongo que la mayoría de nosotros estaríamos de acuerdo con esta declaración, pero me pregunto si somos intencionales en aplicarla a nuestras vidas. Nuestra santificación solo viene de Dios, quien "nos hizo puros y santos" (1Co 1:30 NTV) a través de Cristo Jesús. "La obra de Dios en la salvación... nunca absorbe o invalida la obra del hombre, sino que la despierta, la estimula y le da significado".[4]

Un entendimiento distorsionado de la actividad de Dios en nuestra santificación resultará en un énfasis excesivo en la conformidad externa a los imperativos. Engendrará una de las dos categorías del moralismo. La primera es la que estoy llamando el moralista feliz.[5]

El moralista feliz es la persona que piensa que su santidad depende básicamente de sus propios esfuerzos, pero no está preocupado porque ha reducido las exigencias de Dios a la conformidad externa a reglas simples como *no bebas, no mastiques, no corras con aquellos que lo hacen*, o cualquier otro de miles de mandatos externos que no involucran al corazón. Si todo lo que Dios pide de nosotros es que evitemos ciertos comportamientos externos ("... No tomes en tus manos, no pruebes, no toques...")[6], entonces podemos estar contentos con nuestra santurronería y, de paso, juzgar y menospreciar a los demás.

Por supuesto, el problema que debe enfrentar el moralista feliz es que toda su conformidad a regulaciones meramente externas "de nada sirven frente a los apetitos de la naturaleza pecaminosa" (Col 2:23). El corazón pecaminoso nunca se transforma por medio de la conformidad a los imperativos, sino exclusivamente a través de su relación con Aquel que limpia los corazones. Nada de ese cumplimiento externo de la ley trata con la fuente de su pecado —los deseos de su corazón. De hecho, sus supuestos éxitos solo sirven para cegarle ante sus debilidades y para hacerle sentir orgulloso por sus logros. El joven rico era un moralista feliz, hasta que conoció al Cristo que destruyó su autoestima y le mostró su necesidad. La autocomplacencia en la que inevitablemente caerá el moralista feliz es simplemente una manifestación externa de su supuesta autosuficiencia, pero no podemos mantener las apariencias por mucho tiempo antes de caer. La única protección en contra de la autocomplacencia es no confiar en uno mismo, bajo ninguna circunstancia.

Ahora, déjame presentarte al moralista triste. El moralista triste es la persona que conoce la profundidad de las exigencias de Dios: amarle con todo lo que somos, amar a nuestro prójimo como a nosotros mismos. Puede ver que la verdadera santidad no se limita a lo externo, y en esto tiene razón; pero también está destrozado por la profundidad de su inhabilidad de siquiera poder comenzar a lograr la rectitud que Dios demanda. Su conciencia siempre lo acusa, cuestiona su salvación, evalúa cada pensamiento de manera obsesiva, siendo escrupuloso hasta más no poder; repasa sus fracasos una y otra vez en su mente, se siente abrumado por la culpa, y se pregunta acerca del gozo y el descanso que otros cristianos parecen tener. Y "en lugar de examinarse a sí mismo para ver señales bíblicas de regeneración en una fe sencilla, saquea su corazón buscando señales inequívocas de una santidad avanzada".[7] "¿Gozo? ¿Cómo podría estar gozoso?", se pregunta. "¿Cómo podría reír si estoy tan lejos de lo que se espera de mí... si la conciencia de mis fracasos y mis obligaciones me está aniquilando?".

Al igual que el moralista feliz, esta alma infeliz será tentada continuamente a caer en la autocomplacencia, quizás dedicándole horas y horas a la introspección, a la autorecriminación y a lo que se conoce como depresión o ansiedad. Comparará su caminar al de otros, y en vez de menospreciar a los demás, se menospreciará a sí mismo. Es el cristiano estresado que asegura conocer la gracia de Dios, pero que nunca parece tener la libertad de servir a Cristo con una obediencia agradecida, porque cree que su obediencia nunca es lo suficientemente perfecta. Necesita darse cuenta de que Jesús es más grande que su pecado, más grande que las opiniones que tiene de sí mismo. Necesita la humildad que trae la verdadera aceptación de la depravación total, y la seguridad que produce la verdadera aceptación de la soberanía de Dios sobre su santificación.

El único seguro en contra de la santificación legalista que se centra en el hombre es "una fe gozosa que solo depende de Dios y que 'no olvida ninguno de sus beneficios".[8] Tanto el moralista feliz como el triste deben enfocar y reenfocar sus vidas una y otra vez para recordar los beneficios que el Señor les ha dado en Cristo.

Declaración sin obligación

En contraste con estos moralistas, el libertino es el cristiano que ha oído algo acerca de la gracia de Dios en Cristo, pero que no ha comprendido el hecho de que la gracia de Dios, cuando realmente está presente, *resultará* en una vida cambiada. Fue a este tipo de persona que Pablo le escribió que la gracia de Dios nos entrena para "rechazar la impiedad y las pasiones mundanas. Así podremos vivir en este mundo con justicia, piedad y dominio propio". Nosotros "aguardamos la bendita esperanza, es decir, la gloriosa venida de nuestro gran Dios y Salvador Jesucristo. Él se entregó por nosotros para rescatarnos de toda maldad y purificar para Sí un pueblo elegido, *dedicado a hacer el bien*" (Tit 2:12-14).

La gracia de Dios nos entrena a rechazar la impiedad, a vivir vidas moderadas y piadosas, y a estar dedicados a hacer el bien. Sí, Dios reina soberanamente, y Él reina con gracia, misericordia y amor soberano en la vida de Sus amados hijos. Pero no debemos asumir que Su gracia anula la expectativa de que debemos ser santos, pues Él es santo y Su Espíritu Santo mora en nosotros. Sí, Dios es soberano sobre nuestra santificación, pero reconocer esa verdad no nos excusa de dedicarnos a procurarla.

Manteniendo las declaraciones junto con las obligaciones

Aquí está uno de esos pasajes que combinan el indicativo con el imperativo, y que muestra claramente la hermosa interacción que hemos estado discutiendo. Trata de identificar las declaraciones y las obligaciones:

> Así que, mis queridos hermanos, como han obedecido siempre, no solo en mi presencia sino mucho más ahora en mi ausencia, lleven a cabo su salvación con temor y temblor, pues Dios es quien produce en ustedes tanto el querer como el hacer para que se cumpla Su buena voluntad (Fil 2:12-13).

El imperativo —"lleven a cabo su salvación con temor y temblor"— está enmarcado por y anclado al indicativo "pues Dios es quien produce en ustedes tanto el querer como el hacer para que se cumpla Su buena voluntad". Una vez más, debemos aferrarnos firmemente a la verdad de que el mandato de Dios de "llevar a cabo" nuestra salvación es imposible de obedecer a menos que Él haya puesto en nosotros el deseo de hacerlo ("el querer") y la habilidad para hacerlo ("el hacer"); sin embargo, la orden de llevarla a cabo está ahí.

Aquí, muy claramente, "la obra de Dios es el incentivo para la obra del hombre".[9] Pablo no contrasta la obra de Dios con la del hombre, más bien dice que todas nuestras obras son posibles *únicamente* porque Dios *ya* ha obrado en nosotros. Así que, ¿Quién está obrando? ¿Es Dios quien obra o es el hombre? La respuesta, de acuerdo con la lógica asombrosa del cielo, ¡es un rotundo "sí"! Dios ha dicho que nos ha dado un nuevo corazón, con nuevas motivaciones y nuevas habilidades, debemos procurar la santidad de todo corazón, siempre asumiendo que es la voluntad de Dios que le obedezcamos. Al decir esto, no estoy afirmando que nuestra obra es independiente de la obra de Dios, sino que, a la vez que descansamos en la obra que Él ha hecho, consideremos y procuremos seriamente llevar a cabo todos los imperativos. De nuevo, sabemos que no llegaremos a hacerlo perfectamente, y que si tenemos algún éxito, es por Su obra *previa* en nosotros.

Esta perspectiva nos libera y nos da confianza en nuestra santificación futura porque Dios dice que Él continúa, por medio de Su Espíritu, dándonos la disposición y la capacidad para hacer el bien que nos ha ordenado que hagamos.[10] Esto es lo que significa caminar por fe y no por vista (2Co 5:7). Mi fe me dice que *Cristo está en mí*. Estoy segura de que el Señor que resucitó y ascendió vive en mi cuerpo mortal en este momento, y Él me da la confianza que necesito para continuar imitando a Cristo. Aunque mi obediencia no sea perfecta y mis motivaciones no sean completamente puras, todavía creo que los pasos tambaleantes de bebé que estoy dando son provocados por Él y agradables a Él. Debido a que Él ha conquistado la muerte y el pecado, y está gobernando sobre cada faceta de mi vida, tengo fe para esforzarme por cumplir las obligaciones del evangelio que vienen con mi nueva identidad.

Pablo termina uno de los pasajes nuevotestamentarios que más exaltan el evangelio (Ef 2:1-9)[11] con una declaración interesante. Acaba de describir la gracia de Dios y nuestra inhabilidad de salvarnos a nosotros mismos, y luego escribe: "Porque somos hechura de Dios, creados en Cristo Jesús para buenas obras, las cuales Dios dispuso de antemano a fin de que las pongamos en práctica" (Ef 2:10).

Una vez más, aquí tenemos declaraciones y obligaciones, indicativos e imperativos. Nuestra unión con Cristo Jesús es Su proyecto, Su hechura, Su obra. Él ha hecho todo lo necesario para asegurar nuestra relación con Él. Pero eso no es todo lo que ha hecho. También nos ha preparado buenas obras para que las hagamos, "a fin de que las pongamos en práctica". La verdad que nos tranquiliza es que aun en esto, donde la responsabilidad debiera ser toda nuestra, Él también se ha hecho cargo. Podemos hacer el bien que Él nos ha ordenado completar *porque Él ya lo ha completado*. De nuevo, eso no significa que nos vamos a sentar a esperar a que el Señor nos levante la mano para hacer lo que Él quiera, de la misma forma en que no esperamos a que Él nos abra la boca físicamente y sople aire por nuestras cuerdas vocales para poder orar. Lo que sí significa, sin embargo, es que podemos ser valientes en nuestra fe —podemos ser valientes al procurar una vida piadosa porque Él nos ha hecho capaces de hacerlo.

Otro pasaje que demuestra claramente esta relación entre la obra de Dios y la obra del hombre es 1 Corintios 15:10 (NTV): "Sin embargo, lo que ahora soy, todo se debe a que Dios derramó Su favor especial sobre mí, y no sin resultados. Pues he trabajado mucho más que cualquiera de los otros apóstoles; pero no fui yo sino Dios quien obraba a través de mí por Su gracia.". Pablo dice que él trabajó más duro que cualquiera de los otros apóstoles. Fue Pablo el que predicó, el que viajó, el que sufrió adversidad. Pero también era la gracia de Dios en Él la que motivaba y energizaba su trabajo. Y aquí viene nuestra pregunta: ¿Dios o nosotros? Pablo dijo que él trabajó "mucho más" que cualquiera, pero él sabía que en realidad era la "gracia de Dios" obrando a través de él.

Esta es nuestra esperanza, y no se trata de un mero deseo patético. Es una confianza gozosa en Su poder para transformar. De hecho, Él está tan seguro de nuestra santificación que habla de ella como si ya hubiese ocurrido: "Por esa voluntad *hemos sido* santificados mediante la ofrenda del cuerpo de Jesucristo, ofrecida una vez para siempre" (Heb 10:10 NBLA; ver también 1Co 1:2, 30; 6:11). El propósito de Dios en nuestra redención no es simplemente nuestra justificación; es nuestra completa transformación. Los que hemos sido justificados *seremos* santificados.

Nuestra esperanza: la semilla que dará fruto

La santificación progresiva, ese proceso de cambio que nos lleva lentamente a ser cada vez más como Cristo, significa básicamente que lo que ya se supone que somos *en Cristo* (nuestra justificación), lo estamos llegando a ser *en la práctica* (nuestra santificación).

Esta santificación significa que el crecimiento de la semilla del evangelio que ha sido plantada en el alma de todo el que ha nacido de nuevo está garantizado (1P 1:23-25). No se trata de imitar una personalidad que nos es ajena, sino de la renovación de nuestras almas por medio del poder del Cristo resucitado, quien vive *dentro* de nosotros. La imagen es la de una semilla natural dentro de tu corazón, la cual va germinando y extendiendo sus tiernas raíces, ramificándose y volviéndose cada vez más fuerte, y más y más arraigada, hasta que finalmente llena toda tu alma. Así funciona la semilla del evangelio en tu interior; *va* a reproducir la imagen de Jesús en ti.

Sin la confianza de que esta semilla nos va a cambiar, podemos ser tentados a desanimarnos y darnos por vencidos, porque todo lo que vemos es nuestro cuerpo, que se está desgastando, y la poderosa influencia de nuestra vieja naturaleza. Pero en lugar de agobiarnos y de dejarnos aplastar por nuestras debilidades, fracasos y dudas, nuestra fe nos recuerda esta verdad: "Por tanto, no nos desanimamos. Al contrario, aunque por fuera nos vamos desgastando, *por dentro nos vamos renovando día tras día*" (2Co 4:16). Nuestro exterior realmente se está pudriendo, pero hay otra verdad más significativa que tenemos que creer por fe: *Estamos siendo* cambiados; nuestro interior está siendo renovado. Esta vida nueva, esta nueva naturaleza, esta semilla poderosa, *madurará* hasta llegar a ser una persona transformada que refleje fielmente Su imagen (Ro 8:30). ¿Cómo podemos estar seguros de que esto va a suceder? ¡Porque el *Cristo resucitado* lo garantiza! Él nos precedió, presentándose como las primicias de la cosecha que Él le va a presentar al Señor de la Cosecha. "Cristo se hizo uno de nosotros y luego se convirtió a Sí mismo en las primicias de *todo lo que llegaremos a ser*".[12]

Así como el Señor habló de Su creación y decretó que todo daría fruto según su especie (Gn 1:11), ha hablado de nuestras vidas: es imposible que tengamos Su vida en nuestro interior y que no haya evidencia alguna de cambio en nosotros. Puede que ese cambio sea minúsculo, pero esta semilla siempre producirá fruto.[13]

Sin embargo, que nuestro crecimiento en santidad sea inevitable no significa que vamos a ser perfectos en esta vida o que nuestra obediencia no será manchada por el pecado de alguna forma u otra. Por ejemplo, cuando soy consciente de cierto crecimiento en mi santidad, casi siempre soy tentada a darme palmaditas en la espalda y a caer en el pecado del orgullo y la autosuficiencia. Nuestras buenas obras siempre estarán manchadas por el pecado, pero igualmente somos llamados a dedicarnos a ellas. Las únicas obras que son perfectas son las Suyas.

Los escritores del Catecismo de Heidelberg entendieron las luchas presentes en nuestra búsqueda de la santidad. Ellos escribieron: "En esta vida, aun los más santos apenas llegan a iniciarse en… la obediencia".[14] Si aun nuestras buenas obras están manchadas y son imperfectas, entonces, ¿por qué debemos seguir tratando de hacerlas? ¿Para qué molestarse? ¿No sería inútil? No.

> Hacemos el bien porque Cristo, por medio de Su Espíritu, también *nos está renovando para ser como Él*, para que en toda nuestra vida podamos demostrar que estamos *agradecidos con Dios por todo lo que ha hecho por nosotros*, y para que sea alabado a través de nosotros. Y hacemos el bien *para poder estar seguros de nuestra fe por sus frutos*, y para que por nuestra vida de santidad *podamos ganar a nuestros prójimos para Cristo*.[15]

Aquí se nos dan cuatro razones para continuar esforzándonos en nuestra lucha contra el pecado y para que busquemos hacer buenas obras por medio de la gracia que Él nos suple a través del evangelio, aun cuando nunca seamos completamente exitosos. Permíteme parafrasear estos motivos para que puedas recordarlos fácilmente.

1. *Sé quien ya eres.* Cristo ya te hizo nuevo; camina en esta novedad de vida. Ahora estás en Él; Su Espíritu vive en ti. Su resurrección fue el primer fruto de una ofrenda dada a Dios, y tú eres parte de esa cosecha garantizada. Procura ser la persona que Él ya dice que eres, recordando que Él ya ha garantizado tu crecimiento al ordenar buenas obras para que las realices.
2. *Sé agradecido por quien ya eres.* Cristo te ha hecho nuevo; haz que tu vida rebose de gratitud por Su bondad. Esta gratitud motivará y purificará tu respuesta a las obligaciones que Él te ha asignado. Hablarte a ti mismo acerca del amor que Él siente por ti te llenará de la valentía que necesitas para procurar la santidad, incluso cuando tus fracasos sean muchos.
3. *Asegúrate de recordar quién eres.* Cristo ya te hizo nuevo, y tu crecimiento continuo en santidad te recordará tu nueva identidad. Esto no significa que nuestra seguridad se basa en nuestra obediencia; no, nuestra seguridad debe estar anclada a la obediencia de Cristo. Pero nuestra seguridad crecerá a medida que veamos Su obra santificadora en nosotros a lo largo de nuestras vidas. Podremos ver cómo Su poder nos ha ido transformando "de gloria en gloria" cuando le contemplamos (2Co 3:18 RV60).[16]
4. *Sé quien eres frente a otros.* Cristo te ha amado y te ha hecho nuevo, y Su bondad y Su amor hacia ti es un maravilloso regalo que debe ser compartido. Tus buenas obras son luces que no pueden ser escondidas, y aunque no las haces para mejorar tu reputación, Dios las usa para darle nueva vida a otros.

La fe que obra por amor

Amo a mis nietos. ¿Los he mencionado antes? Los observo y puedo ver el comienzo de las personas que llegarán a ser. Puedo ver cómo se parecen al resto de la familia y puedo imaginar lo que pronto serán. Son mis amores.

En una forma muy superior, tu Padre Celestial te mira y ve lo que llegarás a ser. Él no está preocupado por tu éxito final; Él esta reinando como Rey soberano sobre tu vida, asegurándose de que llegues a ser la persona que Él quiere que seas.

Así que, ¿cuál es la respuesta adecuada a todas estas maravillosas declaraciones? Nada menos que obediencia agradecida o "fe que obra por amor" (Gá 5:6 NBLA). Nuestra fe debe estar acompañada de obras, pero no obramos por miedo al abandono o para demostrar que somos capaces. No, nuestra fe está acompañada de obras porque amamos, y amamos porque Él nos amó primero. Nuestra fe se alimenta de este amor: hemos sido amados, se nos ha asegurado nuestra justificación; nuestro Padre habla de nuestra santificación como si ya hubiera ocurrido. Por fe, entonces, podemos esforzarnos valientemente por crecer y reflejar cada vez más nuestra verdadera identidad. El Padre va delante de nosotros, y el Dios-Hombre, Cristo Jesús, ha allanado el camino y quitado todos los obstáculos del camino. La primera ofrenda ha sido ofrecida, garantizando que el resto de la cosecha viene en camino. No puede fallar.

Viviendo y obrando a la luz del evangelio

Recientemente tuve una conversación con una amiga cristiana que me preguntaba si estaba escribiendo algún libro actualmente. "Sí", le respondí, "Estoy escribiendo acerca del evangelio".

"¿Cuál evangelio?", me preguntó. "¿Mateo o Juan o…?".

"No de *un* Evangelio, *del* evangelio. Estoy escribiendo un libro sobre el evangelio para las personas que piensan que ya lo conocen".

Un silencio extraño descendió sobre nosotras, a la vez que mi amiga reflejaba confusión en su rostro. No puedo decirles la cantidad de veces que he tenido esa conversación desde que comencé este proyecto. Mis colegas parecen estar asombrados de que piense que debemos oír lo mismo otra vez. Así que, antes de concluir este capítulo de indicativos e imperativos, aquí está un recordatorio final: nuestra nueva y gloriosa identidad en Cristo —todos los maravillosos indicativos en las Escrituras— *siempre* debe ser la base, la motivación y el catalizador de nuestra transformación. En primer lugar, esto es verdad porque así es como el Espíritu, cuyo trabajo es el de santificarnos, ha estructurado las Escrituras. Tratar de desconectar lo que hacemos *para* Cristo de nuestra unión *con* Cristo violenta el método que el Espíritu ha elegido para santificarnos.[17]

En segundo lugar, pensar profundamente acerca del evangelio es tanto necesario como beneficioso porque todos somos muy propensos a la autosuficiencia y a la independencia. El evangelio nos ayuda a deshacernos de los delirios vanagloriosos que tenemos acerca de nuestra supuesta bondad innata y de nuestra capacidad de agradar a Dios a través de nuestros propios esfuerzos. Cuando olvido que la única forma en que Dios pudo hacerme parte de Su familia fue humillando al Hijo que ama —que sin el récord perfecto de Otro no podría estar ante Su santidad, que por mí misma no tengo ni el deseo ni el poder de agradar a Dios— soy tentada a creer que en realidad soy bastante buena. Y creo que aunque pueda necesitar algo de ayuda, si me esfuerzo lo suficiente, puedo lograr todo lo que Él me ha pedido. Cuando olvidamos el evangelio, pensando que no somos tan malos, que nuestra necesidad no es tan grande, y que no estamos tan lejos de parecernos a Cristo, el orgullo, la arrogancia y la culpa aplastan nuestra esperanza y nuestra fe.

Nuestra santificación está arraigada en nuestra unión con Cristo —¿cómo podríamos cambiar realmente si no fuéramos verdaderamente diferentes ya? ¿Cómo podríamos pelear para ganar si Él no hubiera peleado y ganado ya? ¿Cómo podríamos conquistar la muerte y el pecado si Él no es Aquel que resucitó y vive en nosotros? Ciertamente, "en el momento en que nos alejamos de Cristo en lo más mínimo, la salvación que descansa completamente en Él terminará desapareciendo poco a poco"[18], y el desánimo y la condenación gobernarán nuestros corazones. Así que no olvidemos lo que Él ha hecho y está haciendo, y luego, en fe, obremos con gozo y fervor.

Entendiendo cómo el amor de Dios transforma tu identidad y tu vida

1. Lee Colosenses 3:1-5, 12-15 y contesta las siguientes preguntas:
   » ¿Cuáles son las declaraciones que Dios ha hecho sobre ti?
   » ¿Cuáles son las obligaciones que te ha asignado?
   » Cuando luchas con tu incapacidad para cumplir estos mandatos, ¿cuál es tu única esperanza? ¿Qué significado tienen las declaraciones que Él ha hecho acerca de ti cuando luchas contra el pecado?

2. ¿Con cuál de estos te identificas más: el moralista feliz, el moralista triste o el libertino Apático? Las siguientes preguntas pueden ayudarte a determinarlo: ¿Lucho con la autocondenación? ¿Caigo frecuentemente en la autocomplacencia? ¿Veo miedo al fracaso o pereza en mí mismo? ¿Condeno a otros? ¿Me comparo con otros y me siento inferior? Será de gran ayuda que entiendas la base de tu lucha personal con la santificación.

3. Repasa las cuatro motivaciones para vivir en santidad que aparecen en la página 136. ¿Cuál de ellas te habla más fuertemente? ¿Qué es lo que normalmente te motiva a vivir una vida santa? ¿Sientes que lo que te motiva es un deseo de demostrar tu bondad o de promoverte a ti mismo (orgullo y ambición), o te motiva la fe que obra por amor?

4. Resume en cinco oraciones lo que aprendiste en este capítulo.

Capítulo ocho

Yo te limpiaré

Los rociaré con agua pura, y quedarán purificados.
Los limpiaré de todas sus impurezas e idolatrías.

— Ezequiel 36:25

En el capítulo anterior introduje los indicativos y los imperativos, es decir, las declaraciones y las obligaciones contenidas en el evangelio para cada creyente. Recordarás que las obligaciones del evangelio tienen dos facetas: las positivas y las negativas. En este capítulo, nos vamos a enfocar en el lado negativo de nuestras obligaciones, o en otras palabras, lo que "nos quitamos". En lugar de reducir nuestro enfoque a una lista de pecados específicos que tenemos que "quitarnos", estaremos considerando un modelo que nos ayudará mientras atacamos todo nuestro pecado por fe. Este modelo te animará a ver más allá de estos pecados externos, hasta que puedas ver esos pecados del corazón que dan lugar a los demás. Más adelante, en el capítulo 9, veremos los mandatos positivos, o lo que "nos ponemos".

Sin embargo, antes de que comencemos, permíteme recordarte una vez más que estas obligaciones están ancladas a las declaraciones que discutimos en la primera sección de este libro. En Romanos, el tratado magistral acerca del evangelio escrito por Pablo, el primer imperativo no aparece sino hasta el capítulo 6, y se trata de un mandato a *recordar* y *aplicar*: "De la misma manera, también ustedes *considérense* muertos al pecado, pero vivos para Dios en Cristo Jesús" (Ro 6:11). Así que tomémonos un momento para hacer eso.[1]

Piénsalo: estás muerto al pecado

Por la obra del Padre en Cristo, nuestra antigua vida de pecado está muerta: ya no estamos bajo el dominio del pecado. A la iglesia como cuerpo y a nosotros como individuos se nos ha dado un "nuevo criterio para juzgarnos a nosotros mismos".[2] Si ya no vamos a vivir en pecado, debemos "entendernos a nosotros mismos por fe".[3] Estamos muertos al pecado, y no solo estamos muertos al poder del pecado, sino que también hemos sido vivificados para Dios, "habiendo sido traídos bajo Su dominio. Cuando pasamos a estar en Cristo, nos debe caracterizar un nuevo estilo de vida... Debemos pelear nuestra batalla con la certeza de que nuestro enemigo ha sido vencido".[4] Sí, el pecado *ha sido* vencido, y es por esa victoria de Cristo que podemos pelear esta batalla.

Esta primera obligación del evangelio que encontramos en Romanos es un llamado a la fe, a creer que lo que Él dijo hacer realmente ha sido hecho. La obediencia sumisa a la que Pablo nos llama en Romanos 6:13 —"... ofrézcanse más bien a Dios como quienes han vuelto de la muerte a la vida..."— se basa sobre la fe en el hecho consumado del evangelio: estamos muertos al pecado y vivos para Dios; hemos sido liberados de la esclavitud al pecado capacitados para someternos a Él.

Lo que esta nueva vida significa es que estamos confiados en que el cambio va a suceder. Podemos pelear valientemente para "quitarnos" el pecado que todavía mora en nuestros cuerpos mortales. No estamos solos; no, estamos en Él, y Él mismo nos sacó de esa tumba de pecado y muerte. Nos ha presentado junto a Él, completamente vivos en la presencia del Padre. Aunque sabemos que esto es verdad, puede haber ocasiones, particularmente cuando estamos luchando contra nuestro pecado, en que nos cuesta trabajo creerlo. Y es entonces cuando tenemos que volver al mandato que nos llama a recordar. En otras palabras, debemos quitar la mirada de nuestro pecado y ponerla en Su obra consumada en la cruz.

Al igual que los gálatas, necesitamos que nos recuerden estas verdades, especialmente cuando somos tentados a volver a caer en el desánimo que surge del moralismo y de la justicia propia. Aprópiate de las declaraciones personales de Pablo en Gálatas 2:20-21; aplícalas por fe a tu lucha contra el pecado: "He sido crucificado con Cristo, y ya no vivo yo, sino que Cristo vive en mí. Lo que ahora vivo en el cuerpo, lo vivo por la fe en el Hijo de Dios, quien me amó y dio Su vida por mí".

Nuestra vieja naturaleza ha sido crucificada con Él. La persona que una vez fuimos está muerta, y ahora hay un espíritu diferente habitando en nuestros cuerpos, el Espíritu del Cristo resucitado. Por supuesto, debemos apropiarnos de esto una y otra vez por fe, y creer obstinadamente que el Hijo de Dios no nos puede abandonar. Nos ama tanto que dio Su vida por nosotros.

Piénsalo: estás vivo en Cristo

Recordemos un aspecto particular del evangelio: la resurrección. Si la resurrección no sucedió, entonces Cristo no está vivo y Su vida no reside en nosotros. Si Él no vive en nosotros por medio de Su Espíritu, no tendremos ni el deseo ni el poder que necesitamos para dejar de pecar. Pero como la tumba está vacía, podemos luchar valientemente por fe. Sabemos que Su vida perfecta está fortaleciendo nuestra carne pecadora en este mismo momento, porque esa vida reside en nosotros.

En cuanto a creer que Él resucitó de los muertos, es cierto que aún estamos caminando por fe y no por vista, pero nos anima el confiable testimonio de aquellos que en realidad vieron al Señor resucitado. Sabemos que su testimonio es verdad porque muchos de ellos escogieron morir antes que negar lo que habían visto. Estuvieron dispuestos a sacrificarlo todo porque habían visto algo que cambiaba absolutamente todo. Ellos habían visto al Señor, a Aquel que resucitó y ascendió. Así que aun cuando estaban siendo martirizados, su testimonio se mantuvo firme. "¡Veo el cielo abierto", gritó Esteban, "y al Hijo del Hombre que está a la diestra de Dios!" (Hch 7:56). Por el hecho de que estamos *en Cristo,* y de que Él pasó por la muerte y está viviendo en plena comunión con Su Padre, nuestro crecimiento en santidad está garantizado.

Así como el Cristo vivo sostuvo a estos primeros creyentes, Él está, en este momento, sosteniéndonos a nosotros. Nuestra fe en la obra que ya hizo y que continúa haciendo nos anima a procurar nuestra santificación con devoción. "Por tanto, que los creyentes aprendan a *confiar en Él,* no solo para la justificación, sino también para la santificación, pues Él nos ha sido dado para ambos propósitos".[5] Así que, recíbele, descansa en Él, y acuérdate de Él, sobre todo ahora que veremos más detalladamente ese pecado que amenaza (pero solo amenaza) con abrumarnos.

El fundamento de todo pecado

Hay un pecado que es la raíz de todos los pecados: la incredulidad. El pecado de la incredulidad es lo que enviará incluso al más moral de entre nosotros al infierno (Jn 3:18). Esta incredulidad condenatoria no solo caracteriza a los ateos, sino a todo el que se niega a creer que hay un Dios santo, amoroso, misericordioso y bondadoso que hizo por nosotros lo que no podíamos haber hecho por nosotros mismos, y lo hizo voluntariamente. Y aunque los que tenemos una fe salvífica hemos pasado de muerte a vida, de la condenación a la justificación, todavía quedan algunos restos de esta incredulidad. Hay ocasiones en las que seguimos preguntándonos si Él realmente está ahí, si realmente es bueno, si Su Palabra es realmente fiable, si nos ama. Nos preguntamos si nos puede hacer felices.

Para ilustrar esto, te contaré acerca de una de las veces en que no he respondido piadosamente. Phil, mi esposo, llegó temprano a casa del trabajo e interrumpió mi tiempo de escritura. Admito que estaba irritada por tener que dejar de hacer lo que me había propuesto. No le grité, ni le tiré la computadora, pero estoy segura que él sabía que estaba enojada por su interrupción. Mi problema con la llegada de Phil era, en el fondo, un problema de *incredulidad*. Era un problema de fe, porque en ese momento simplemente me negaba a creer que Dios me amaba y que estaba controlando mi vida de una forma amorosa. Dudaba de que esa interrupción fuese algo bueno y planeado por Él. No creía que Él era bondadoso, sabio, y poderoso. Mi pecado principal fue no creer que Dios es bueno y que Sus planes para mi vida también son buenos.

Además, en mi incredulidad, estaba deleitándome en el mal (2Ts 2:12). Me gustaba más la idea de vivir mi vida sin que Dios estuviera interrumpiéndome o metiéndose en mis asuntos. Sé que ninguno de nosotros le gritaría al Señor: "¡Deja de meterte!", pero con mucha frecuencia se lo decimos a aquellos que Dios ha puesto en nuestro camino. "Quisiera que simplemente te quitaras de en medio. ¡Tengo que terminar esto!"

Al deleitarme tanto en el mal, no solo estoy demostrando que soy una incrédula, sino que también soy una idólatra. No es que querer terminar mi trabajo sea pecado en sí mismo. No, yo creo que Dios me ha llamado a cumplir con esta tarea. Llega a ser pecaminoso cuando mi alma es cautivada por la idea de un día que esté completamente controlado por mí y que no tenga interrupciones; cuando cumplir con mis metas significa más para mí que una obediencia agradecida. Mi plan se ha vuelto mi dios; soy una idólatra. Adoro mi idea de lo que considero un día exitoso, mi derecho a decretar cómo será cada momento del mismo.

Todos somos adoradores

La incredulidad, el pecado principal, siempre da lugar a la idolatría, porque hemos sido creados para adorar. Nuestros corazones están inclinados hacia la adoración. Si no lo crees, solo tienes que pasarte unos minutos cerca de la cafetera en el trabajo después de un episodio de Factor X o de alguna final de fútbol. A la gente le encanta adorar lo que les gusta porque son adoradores. "*¿Viste ese chute? ¿Verdad que fue el mejor juego que jamás hayas visto?*". "*¡Tiene una voz increíble! ¡Me encanta escucharla!*". Esto es lo que dice un adorador.

Nadie está libre de esta inclinación a adorar, ni siquiera la persona que se rehúsa a adorar al Dios viviente. No; de hecho, una persona que se rehúsa a adorar a Dios adorará a una colección de dioses, pues nuestro impulso de adorar —dado por Dios— solo puede ser saciado por Dios mismo. El hombre que se rehúsa a adorar a Dios está condenado a una sed insaciable, a "la eterna vanidad de la incertidumbre"[6], mientras se la pasa buscando frenéticamente un verdadero refrigerio, esperando encontrar en cosas ausentes lo que no le dan las cosas presentes. Adorará a millones de dioses, y aun así no estará satisfecho (Is 55:2). El vacío que se crea cuando nos rehusamos a adorar al Dios vivo, y solo a Él, nunca está vacante por mucho tiempo. Así como los hongos crecen en la oscuridad y aparecen de un día para otro, los ídolos aparecen instantáneamente en la tierra de nuestros corazones.

El dios que gobernaba mi corazón cuando Phil llegó un poco temprano puede haber sido el dios del "ego", el de la "autonomía" o el de la "liberación de las interrupciones". Pero en mi corazón hay una adoración que controla esas cosas: el deseo de ser aprobada. Mi irritación es resultado de mi adoración a la opinión de otros. Quiero hacer bien mi trabajo para que otros me aprueben y, a su vez, aprobarme a mí misma. Odio que me interrumpan cuando estoy concentrada e inspirada porque valoro la adoración y los elogios de otros. Al ver mi pequeña irritación desde esta perspectiva, ¿te das cuenta de lo terrible que es?

> **Fig. 8.1 Adorar a Dios o adorar a los ídolos**
>
> | Adorar a Dios | Adorar a los ídolos |
> |---|---|
> | Enfocarnos en el amor de Dios por nosotros en Cristo produce amor, gozo, paz; es decir, más adoración a Él. | Rechazar el amor y la bondad de Dios produce idolatría, apatía y un corazón errante lleno de orgullo, autocompasión, preocupaciones, ira, miedos, autocomplacencia, pereza y más insatisfacción. |

Aunque este cuadro que les he pintado es bastante desalentador, hay muchos más hongos floreciendo en los oscuros recovecos de mi corazón. Hay unos pequeños creciendo alrededor del tallo de lo que podríamos llamar mis motivaciones dominantes o ídolos —la gran variedad de pecados en mi vida. Estos pecados son el enojo, la autocompasión, la preocupación, el miedo, la autocomplacencia, la deshonestidad, la pereza y, por supuesto, el orgullo.

> **Fig. 8.2 La incredulidad conduce a la idolatría y a otros pecados**
>
> Despreciar el amor de Dios por nosotros producirá incredulidad y apatía.
> ↓
> Los ídolos rápidamente llenarán el vacío.
> ↓
> Enojo, autocompasión, preocupación, autocomplacencia, envidia

Sé que pensar en que la incredulidad y la idolatría producen otros pecados puede ser nuevo para ti, así que permíteme darte dos ejemplos de estos principios que se encuentran en la Escritura: uno de nuestro Señor y otro del pastor de la iglesia en Jerusalén, Santiago.

¿Dónde está tu tesoro?

En el Sermón del Monte, Jesús le enseñó a Sus seguidores cómo vencer el miedo y la preocupación pecaminosos. Su consejo no fue simplemente: "No estén ansiosos", aunque sí lo llegó a decir (Mt 6:25). En lugar de eso, rastreó nuestro problema con la preocupación hasta el baúl de tesoros que hay en nuestro corazón, hasta el lugar donde ocurre nuestra adoración —nuestra incredulidad y nuestra idolatría. Dijo:

> No acumulen para sí tesoros en la tierra, donde la polilla y el óxido destruyen, y donde los ladrones se meten a robar. Más bien, acumulen para sí tesoros en el cielo, donde ni la polilla ni el óxido carcomen, ni los ladrones se meten a robar. Porque donde esté tu tesoro, allí estará también tu corazón... Por eso... No se preocupen por su vida (Mt 6:19-21, 25).

Si atesoramos, valoramos y amamos algo por encima de Su Reino y Su justicia, seremos esclavizados por el temor y estaremos plagados de preocupación. ¿Por qué? Porque vivimos en un mundo caído, maldito por el pecado. Perdemos dinero invertido, nuestras computadoras se congelan, nuestros hijos se rebelan, nuestras iglesias se derrumban, la gente que amamos se va, nuestros cuerpos nos traicionan; la vida está fuera de nuestro control. Los ladrones, la polilla y el óxido están haciendo estragos. Nuestros hijos no tardan en darse cuenta de que el mundo es un lugar peligroso. Y si nuestro tesoro está allá afuera, a la merced de gente pecadora y de una creación caída, estará en peligro, nosotros estaremos en peligro, y entonces deberíamos preocuparnos.

¿Puedes ver cómo un simple mandato a solo dejar de preocuparnos no es suficiente? Nuestra preocupación es el resultado de otros pecados graves: incredulidad e idolatría. Hasta que no lidiemos con esos pecados, no llegaremos a las causas reales de nuestras ansiedades.

Cuando no valoramos el verdadero tesoro que ha sido depositado en nuestros corazones, en estas "vasijas de barro", le abrimos la puerta a otros tesoros seductores que insisten en ocupar un lugar en nuestros corazones, y crear miedo y terror ante la posibilidad de ser perdidos. Pero cuando el mensaje del evangelio de la "iluminación del conocimiento de la gloria de Dios en la faz de Jesucristo" (2Co 4:6 RV60) nos cautiva como debería, todos nuestros peores miedos son calmados por el resplandor abrumador de Su presencia. Cuando Él es nuestro tesoro, cuando creemos que Su amor está sobre nosotros, entonces las preocupaciones relacionadas al éxito o al fracaso, a la ganancia o a la pérdida, disminuirán drásticamente.

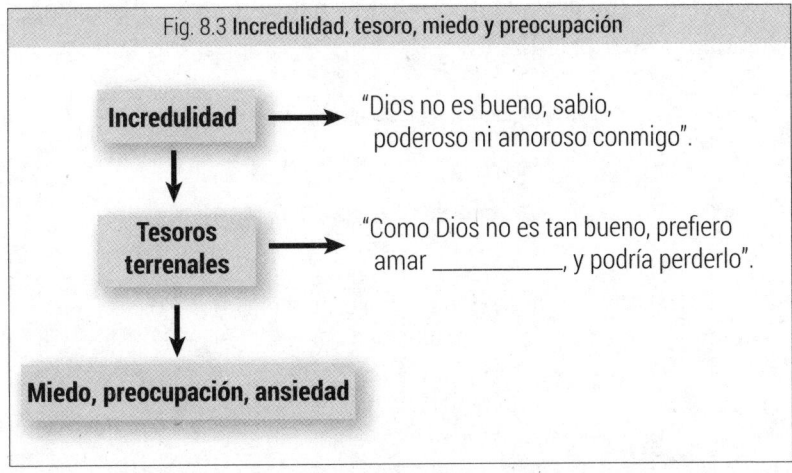

Fig. 8.3 Incredulidad, tesoro, miedo y preocupación

¿Cuál fue la respuesta de Jesús a nuestra incredulidad e idolatría, y a los miedos y las preocupaciones que resultan de ellas y que nos persiguen? Él respondió con declaraciones acerca del evangelio: no tenemos que vivir como hijos temporales; tenemos un Padre que nos ama y que proveerá todo lo que necesitamos (Mt 6:26, 30, 32); somos Suyos, y todo lo que Él le ha dado al Hijo, el Hijo lo ha compartido con nosotros (1Co 3:21-23). Ahora mismo tenemos todo lo que necesitamos, y lo tendremos por siempre.

Para luchar contra nuestras preocupaciones, entonces, debemos atesorarle y procurar que Él sea el sol alrededor del cual giran nuestros pensamientos y nuestros corazones. Cuando Él sea el centro de nuestra devoción, ya no le tendremos temor a la pérdida; la polilla, el óxido y los ladrones no tienen acceso a la bóveda interior, donde Su gloria brilla intensamente. Pero nunca lo vamos a atesorar si no pensamos conscientemente en Él, en Su amor, en el evangelio. En términos más simples, *nos preocupamos porque no pasamos suficiente tiempo atesorando todo lo que Él ya ha hecho*. Los pensamientos de Su amor por nosotros en Cristo nos ayudan a creer lo que Él ha dicho que hará por nosotros en nuestra vida diaria. Piénsalo: Él no retuvo a Su amado Hijo de nosotros, así que ¿no deberíamos confiar plenamente en Su disposición a ayudarnos a vivir para Él hoy?

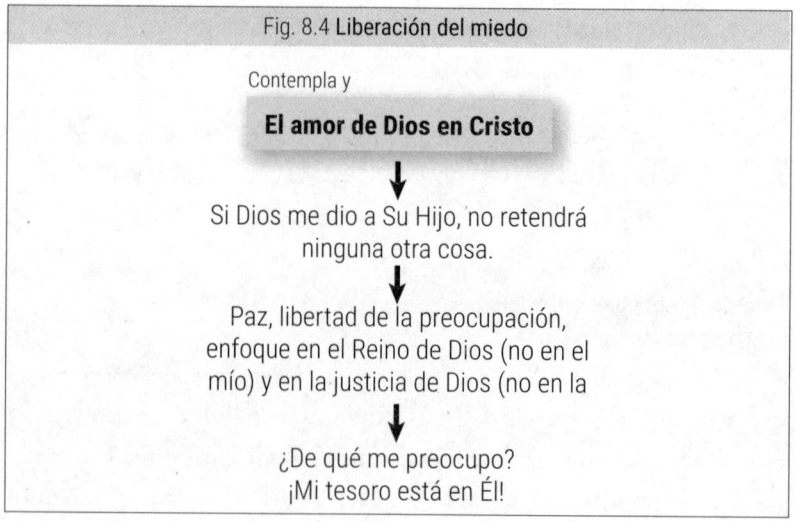

Fig. 8.4 **Liberación del miedo**

Contempla y

El amor de Dios en Cristo

↓

Si Dios me dio a Su Hijo, no retendrá ninguna otra cosa.

↓

Paz, libertad de la preocupación, enfoque en el Reino de Dios (no en el mío) y en la justicia de Dios (no en la

↓

¿De qué me preocupo?
¡Mi tesoro está en Él!

Además, por el amor adoptivo del Padre, somos librados de los frutos de la preocupación: envidia, tacañería, ambición despiadada y protección personal. Podemos ser generosos, podemos gozarnos en el éxito de otros, y podemos vivir en paz porque le hemos experimentado y hemos aprendido que es en Su gloria donde encontramos el verdadero tesoro. No tenemos que luchar por construir nuestro propio reino ni establecer nuestra propia justicia, porque Dios ya nos ha provisto generosamente de ambas cosas en Cristo. Y cuando consideremos esto, estaremos satisfechos con Él y motivados a buscar Su reino y Su justicia, en lugar de los nuestros.

Los deseos que gobiernan nuestras almas

De la misma forma, Santiago nos advierte acerca de nuestros tesoros, esos deseos o "pasiones" que luchan dentro de nosotros. Él escribe:

> ¿De dónde surgen las guerras y los conflictos entre ustedes? ¿No es precisamente de las pasiones que luchan dentro de ustedes mismos? Desean algo y no lo consiguen. Matan y sienten envidia, y no pueden obtener lo que quieren. Riñen y se hacen la guerra. No tienen, porque no piden. Y cuando piden, no reciben porque piden con malas intenciones, para satisfacer sus propias pasiones (Stg 4:1-3).

Cuando Santiago habla de nuestras "pasiones" utiliza un término fuerte que significa "deleite sensual", "deseo",[7] "codiciar", "ansiar" y "lujuriar".[8] Santiago no nos dice: "Aprende a comunicar tus necesidades más claramente", ni tampoco dice: "Tu problema con el enojo y los conflictos es que estás obsesionado con el orden". No, dice que nuestro enojo y conflictos son un problema relacionado al evangelio. Somos, en sus palabras, "gente adúltera" (4:4). ¿Por qué? Porque aunque somos la novia de Cristo, estamos yendo tras de otros amantes que nos engañan, haciéndonos creer que nos pueden hacer felices. Esto es incredulidad e idolatría.

Las declaraciones que el Señor ha hecho acerca del evangelio tienen la intención de liberarnos de nuestros interminables deseos. Debido a que Él nos ha hecho Suyos y a que nos ha dado todo en Cristo, no tenemos que empujar a otros, envidiarlos, pelear con ellos, ni asesinarlos. Tenemos algo mejor: un Dios que se deleita en acercarse a nosotros, exaltarnos y darnos de Su gracia (Stg 4:6-8). El evangelio nos libera de exigir que se haga nuestra voluntad, porque nada de lo que queramos obtener hará que valga la pena pecar en contra de tal amor y bondad.

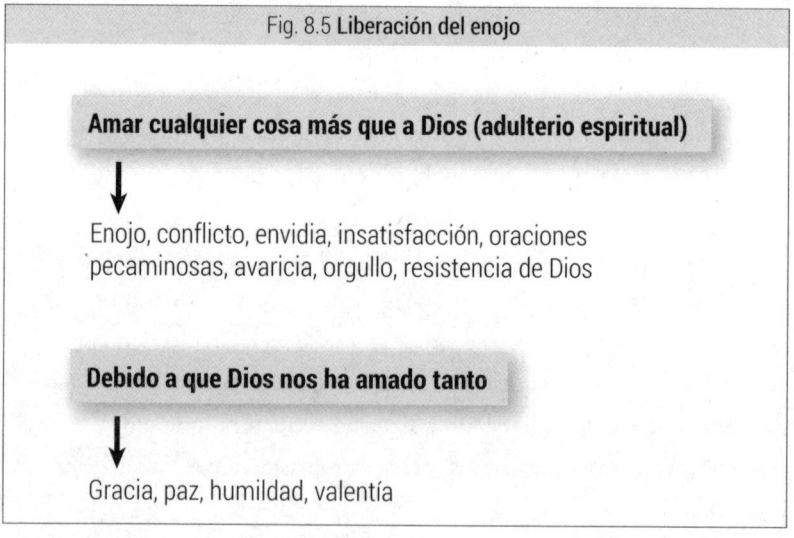

Nuestra búsqueda de la felicidad

Ya sea que nuestro ídolo atesorado sea la comodidad, el romance, el respeto, la seguridad o la importancia, adoramos a estos dioses falsos porque creemos que si los obtenemos, finalmente seremos felices. Este deseo de experimentar felicidad es universal. Todo el mundo está buscando a esa persona, puesto o posesión especial que esperan finalmente les dé una satisfacción plena. Todos estamos buscando el secreto que transportará nuestras vidas a un eterno comercial de cerveza, donde nos sentamos cómodamente alrededor de una fogata y reflexionamos con nuestros amigos: "No hay nada mejor que esto".

Contrario a lo que muchos asumen, no creo que la Biblia enseñe que haya algo malo con el deseo de ser feliz. De hecho, el Señor utiliza este deseo para motivarnos, pues Él promete la felicidad como la recompensa a todos los que ponen su confianza en Él (Sal 144:15). Nuestros fracasos no se derivan de la falta de deseo por la felicidad. De hecho, esa es la motivación que está detrás de todo lo que hacemos. El filósofo cristiano del siglo diecisiete llamado Blaise Pascal escribió: "Todos, sin excepción, buscan la felicidad. Aunque usan métodos diferentes, todos se esfuerzan para lograr este objetivo. Es por eso que algunos van a la guerra y otros hacen otras cosas. Así que esta es la motivación para todo lo que hacen los hombres, incluyendo a los que se ahorcan".[9]

Nuestro problema no es que deseemos la felicidad. No, nuestro problema es que continuamos creyendo neciamente que podemos obtenerla lejos de Él. Pensamos que si nos esforzamos lo suficiente, la próxima vez lo conseguiremos (sea lo que sea) y seremos felices. En lugar de proseguir hasta la verdadera fuente de todo gozo y felicidad, pecamos al creer las promesas falsas de los dioses falsos.

> Somos criaturas conformistas, jugando con la bebida y el sexo y la ambición cuando se nos ofrece gozo infinito; como un niño ignorante que quiere seguir haciendo pasteles de lodo en un pantano porque no se puede imaginar lo que significa la oferta de unas vacaciones en el mar. *Nos conformamos con demasiada facilidad.*[10]

Como se nos ha dado algo infinitamente mejor —puro gozo sin remordimiento— no tenemos que conformarnos con imitaciones baratas. Cuando veamos de donde viene la verdadera felicidad, que no la encontraremos en nuevas y mejores relaciones o cosas, o en el bienestar, el orgullo, el respeto —o en la seguridad que cualquiera de estas pudiera darnos— podemos ir tras ella con la bendición de Dios.

El tipo de felicidad que anhelamos no se encuentra en nada que esté aquí en la tierra. Hemos sido creados para Él, y mientras no descansemos en Él, siempre estaremos ansiosos e insatisfechos.[11] Solo una profunda apreciación de todo lo que Él ha hecho por nosotros en Cristo nos puede motivar a perseguir la verdadera felicidad, a postergar todos nuestros intentos fallidos de hacer que nuestros pasteles de lodo sean más sabrosos, y de buscar a Aquel que nos ama más de lo que jamás podremos comprender.

Buscando tu felicidad en Él

Hemos empezado nuestra discusión de las obligaciones del evangelio, o de los imperativos negativos, pensando en cómo la incredulidad, la idolatría y los pecados que surgen de ambas ocurren en nuestros corazones. Aquí están algunos pasos prácticos para guiarte mientras luchas por fe para obtener la verdadera felicidad.

- *Ora para que Dios te revele tu incredulidad e idolatría.* Sé que es muy difícil ver el pecado que hay en nuestros corazones, pero el Espíritu Santo puede darte convicción e iluminarte. Él puede revelar las mentiras que hemos creído ("Si no tengo esto, nunca seré feliz"). Él puede abrir nuestros ojos para que veamos nuestros dioses funcionales y la incredulidad que hay detrás de cada uno de ellos.
- *En oración, medita en la Escritura y pídele a Dios que la aplique a tu vida.* Solo la Palabra de Dios puede "juzgar" los pensamientos e intenciones del corazón (Heb 4:12). Mientras meditas en Su

palabra, pídele que la aplique en tu vida particular, para ayudarte a discernir los verdaderos motivos que hay detrás de tu pecado.
- *Confiesa cualquier incredulidad o idolatría que veas en tu vida.* En lugar de tratar de esconder o negar la idolatría o la incredulidad, ¡corre hacia la cruz! Tu Salvador ya cargó con estos pecados en tu lugar. Él ha pagado el castigo por ellos y Su resurrección destruye su poder sobre tu vida. "Si confesamos nuestros pecados, Dios, que es fiel y justo, nos los perdonará y nos limpiará de toda maldad" (1Jn 1:9).
- *Pídele a Dios que cambie tus afectos para que Él sea tu mayor gozo.* "Deléitate en el Señor, y Él te concederá los deseos de tu corazón" (Sal 37:4). Mientras más le contemples —Su amor, Su misericordia y paciencia— más grande será tu gozo en Él. Descubrirás la verdadera felicidad porque Él se deleita en darse a Sí mismo a ti y ponerle fin a tu búsqueda de satisfacción.
- *Piensa en la última vez que pecaste y pregúntate:*
  » ¿Qué pensé que me haría más feliz que lo que ya tenía?
  » ¿Por qué creo que obtener esto me hará feliz?
  » ¿Qué es lo que más me enoja, me preocupa, me entristece, o me hace temer? ¿Por qué?
  » ¿Cuál es la mentira que estoy creyendo acerca de Dios, de mí mismo o de mi felicidad?
  » ¿De qué presumes? Considera los temas de lo que cuentas acerca de ti mismo.

Al evaluar tus respuestas a estas preguntas, empezarás a ver tus dioses funcionales, esas cosas que crees que te harán feliz. Este es un buen ejercicio, particularmente cuando sabes que estás luchando con un pecado que no puedes entender o conquistar. *Cada uno de nuestros problemas en la santificación se originan a partir de la adoración a dioses falsos y de las mentiras acerca de la fuente de la verdadera felicidad.*

- *Medita en la bondad de Dios para ti en el evangelio.* Repasa las declaraciones del evangelio. ¿Cómo es Él? ¿Qué es lo que ya ha hecho por ti? ¿Qué significa Su amor para ti? ¿Qué te enseña esto acerca de dónde está la verdadera felicidad?
- *Invita a otros a entrar en tu vida para que te ayuden a ver tu pecado, especialmente tu incredulidad y tu idolatría.* Ninguno de nosotros nos vemos tal como somos; esta es una de las razones por las que el Señor nos ha puesto en Su cuerpo, la iglesia.
- *Haz un plan, en oración, de cómo responder a las obligaciones del evangelio la próxima vez que seas tentado a pecar.* Por ejemplo, para poder vencer mi tendencia a enojarme con Phil cuando llega a casa más temprano de lo esperado, puedo:
  - » Recordarme a mí misma que Dios me ha unido eternamente a Sí mismo, y que no tengo que pelear esta batalla sola.
  - » Recordar que ya he sido perdonada por este pecado, así que no estoy condenada a cometerlo una y otra vez. "Ningún pecado puede ser crucificado, ni en la vida ni en el corazón, a menos que primero haya sido perdonado en nuestra conciencia, y eso solo es posible en Jesús. Si la culpa no ha sido eliminada, no se podrá vencer el poder del pecado".[12]
  - » Recordarme a mí misma que Dios está en control y que está más interesado en mi santidad que en lo que hago por Él.
  - » Recordar que el Espíritu del Cristo vivo está en mí, y que Él me ha dado todo lo que necesito para vencer el pecado y ser feliz por toda la eternidad.
  - » Pensar sobriamente acerca de mi incredulidad e idolatría, y de cómo Cristo sufrió por estos pecados en la cruz.
  - » Preguntarle a Phil a qué hora piensa regresar a casa y luego ejercitar la autodisciplina de dejar de escribir antes de que llegue.
  - » Buscar formas de demostrar mi gratitud al Señor y a Phil; por ejemplo, puedo preparar mi corazón agradeciéndole a Dios que

pude cumplir con todo lo que tenía para mí en ese día, aunque no haya sido tan productivo como a mí me hubiera gustado; puedo ofrecerle mi día y todo mi trabajo, y pedirle que lo use para Su gloria; puedo darle las gracias a Jesús por Su vida de servicio y pedirle que me recuerde que no soy más que Él. Si el lavó pies, ¿no debería yo hacerlo también? Puedo poner un CD de alabanzas mientras me pongo a arreglar la casa y a preparar la comida con suficiente tiempo, así, cuando Phil llegue a casa, estaré contenta de verlo y no irritada por su interrupción.

Yo te limpiaré de todos tus ídolos

Sé que estos pasos pueden parecer simples, pero nuestra respuesta a las obligaciones del evangelio no tiene que ser complicada, ¿cierto? La obediencia motivada por la gracia, la cual comienza con un arrepentimiento por nuestra incredulidad y un apartamiento de los ídolos, no tiene por qué ser un trabajo arduo, pues Dios mismo está comprometido con nuestra santidad. Él promete:

> Los rociaré con agua pura, y quedarán purificados. Los limpiaré de todas sus impurezas e idolatrías. Les daré un nuevo corazón, y les infundiré un espíritu nuevo; les quitaré ese corazón de piedra que ahora tienen, y les pondré un corazón de carne. Infundiré Mi Espíritu en ustedes, y haré que sigan Mis preceptos y obedezcan Mis leyes. Vivirán en la tierra que les di a sus antepasados, y ustedes serán Mi pueblo y Yo seré su Dios (Ez 36:25-28).

¿No te da esperanza este pasaje? Espero que sí. No podemos volver a crear nuestros propios corazones, pero Él sí puede. No podemos cambiar nuestros espíritus, pero Él puede poner Su Espíritu en nosotros. Sin Su obra, nuestros corazones seguirán siendo de piedra, y seguiremos haciendo nuestra voluntad. Sin Su Espíritu santificador, siempre estaré enojada cuando me interrumpan.

Pero Él nos está cambiando; Él nos ha cambiado. Nos está limpiando de todos nuestros ídolos, nos ha rociado agua pura, y nos ha purificado. Tenemos una nueva identidad. Nos ha dado corazones nuevos, de carne, y ha puesto Su Espíritu en nosotros. Podemos crecer en obediencia agradecida porque Él nos ha prometido que vamos a seguir Sus preceptos y a obedecer Sus leyes. Él está luchando junto a nosotros en esta batalla; Él es el capitán que ha ido delante de nosotros y que nos ha suplido todo lo que necesitamos. Debido a que Él es nuestro Señor resucitado, podemos tener confianza y valentía en medio de nuestra lucha por "quitarnos" la incredulidad y sus frutos.

Reivindicando Su santo nombre

Aunque todas estas son bendiciones maravillosas, el propósito principal de Dios en nuestra transformación no es solo nuestra felicidad eterna, aunque no es menos que eso. Los versículos que preceden al pasaje de arriba nos dicen Su meta:

> Así dice el Señor omnipotente: "Voy a actuar, pero no por ustedes sino por causa de Mi santo nombre... Daré a conocer la grandeza de Mi santo nombre... y las naciones sabrán que Yo soy el Señor. Lo afirma el Señor omnipotente (Ez 36:22-23).

El propósito primario de Dios en nuestra justificación y santificación es el de reivindicar Su santidad a los ojos de cada nación. Para llevar esto a cabo, Él ha escogido usar a Su Hijo como el medio principal para dar a conocer Sus perfecciones a un mundo burlón y blasfemo. Su carácter es tan perfecto, y es tan necesario que sea conocido, que Él ha escogido transformar a rebeldes que le odian en hijos que le adoran.

Esta transformación debe resultar en algo muy específico: *adoración*. Dios nos creó para ser adoradores porque es necesario y justo que Él sea conocido, amado y adorado. Y esto no es porque Él necesite que alguien le diga lo especial que es. No, es porque Él es perfecto, y adorar Su perfección es santidad en acción. Debido a que Él es Dios y es perfectamente santo, todo Su ser gira alrededor de Sí mismo, y eso hace que toda la creación le adore (Lc 19:40). Si no respondemos en santidad, es porque no estamos centrados en Él, girando a Su alrededor; estamos adorando otra cosa. No estamos creyendo en Su bondad; estamos creando otros dioses para adorar. Pero Dios nos ha creado para que le adoremos exclusivamente, y nos está transformando para que le adoremos en "la hermosura de Su santidad" (1Cr 16:29 RV60).

Aunque la meta de Dios es que le adoremos, también toma muy en cuenta nuestra felicidad. Él desea nuestra adoración porque nuestra felicidad está íntimamente asociada a nuestra adoración a Él. La única manera de encontrar la felicidad que andamos buscando es meditando en Él, gozándonos en Él y adorando Su gloriosa santidad. ¡Que bendición que Él haya atado nuestra felicidad a Su gloria! A medida que nos esforcemos por "quitarnos" todos los amores que cautivan nuestros corazones, hagámoslo con esta imagen en mente: una adoración infinitamente gozosa dirigida por el Hijo de Dios, impulsada por el Espíritu, por toda la eternidad.

ENTENDIENDO CÓMO EL AMOR DE DIOS TRANSFORMA TU IDENTIDAD Y TU VIDA

1. Si estamos fracasando en nuestra santificación es porque algo está fallando en nuestra adoración. ¿Estás de acuerdo? Explica.
2. Lee 2 Corintios 6:16 - 7:1. ¿Cuáles son las declaraciones y las obligaciones del evangelio en este pasaje?

3. Repasa tus respuestas a las preguntas de la página 155. ¿Por qué es importante que seamos conscientes de nuestra incredulidad y de nuestras idolatrías?
4. ¿Puedes explicar por qué la santificación nos parece tan difícil? ¿Cuáles son las promesas que te animan en medio de tu lucha contra el pecado?
5. Resume en cuatro o cinco oraciones lo que aprendiste en este capítulo.

Capítulo nueve

Anden en amor

Sean, pues, imitadores de Dios como hijos amados; y anden en amor, así como también Cristo les amó y se dio a Sí mismo por nosotros, ofrenda y sacrificio a Dios, como fragante aroma.

— Efesios 5:1-2 (NBLA)

Por favor, lee los versículos que están arriba y déjame hacerte un par de preguntas. Sin volver a leerlos ahora, ¿de qué te acuerdas? ¿Eres más consciente de lo que el versículo te manda a hacer (imitar a Dios y andar en amor), de lo que dice el versículo acerca de quién eres (un hijo amado), o de lo que Cristo ya ha hecho (amarte y darse a Sí mismo como una ofrenda y sacrificio a Dios)? Aunque sé que este ejercicio es algo forzado y que ya hemos abordado este tema antes, pienso que dice mucho acerca de nuestra tendencia natural a enfocarnos exclusivamente en nuestras obligaciones. Supongo que muchos de nosotros nos enfocamos en el imperativo: debemos imitar a Dios; debemos andar en amor. Y aunque estos mandamientos son válidos y obligatorios, no es lo único que el pasaje nos está diciendo. No, de una forma muy significativa, se nos dice que somos los hijos amados de Dios. No somos hijos temporales indeseados. No, somos Sus hijos amados.

Los conejitos fugitivos

Tengo seis nietos. ¿Los he mencionado antes? Tengo un nombre especial para ellos. Ellos son mis "tesoros". Admito que estoy enamorada. Últimamente, cuando los tesoros han venido de visita, hemos jugado "Conejito fugitivo". En caso de que no conozcas este cuento para niños llamado *Conejito fugitivo*,[1] es la historia de un conejito y del juego imaginario que juega con su mamá, en el que se imagina diferentes formas de escapar de su amor, y ella impide cada uno de sus movimientos. "Si te escapas", ella responde, "te perseguiré. Pues tú eres mi conejito".

Leemos el libro juntos y los tesoros salen corriendo por el pasillo —como truchas por una corriente, azafranes en un jardín, o veleros por el mar— y la mamá conejo (yo) los persigue, trayéndolos de nuevo a sí misma. Son sus pequeños conejitos. Al final, los pequeños conejitos deciden quedarse en casa, cómodamente saboreando zanahorias, porque el amor de su Mimi es tan fuerte que no pueden escapar de él.

Volvamos a leer pasaje del principio. En él, Dios declara que tú eres Su hijo amado. Eres muy especial para Él; te ama. Eres Su tesoro, y Él fielmente impedirá todo intento de alejarte de Él. Te ama con la misma intensidad y pureza con que ama a Su Hijo (Jn 17:23). Jesús es Su tesoro y *tú también lo eres*. El amor que sentimos por nuestros familiares y amigos más cercanos, el amor que siento por mis tesoros, no se puede comparar con el gran amor que el Padre siente por nosotros.

Eres Su tesoro

Piensa por un momento en la persona que más amas en este mundo. ¿Crees que el amor que el Padre siente por ti opaca este preciado amor hasta lo sumo? Nuestra incredulidad natural siempre nos hace dudar de Su amor por nosotros. *Lo único* que nos equipará para pelear la guerra contra el pecado es la conciencia de Su amor. Si no llegamos a entender realmente la magnitud de Su amor, nunca podremos imitarlo.

No nos acercaremos a Él si le tenemos miedo a Su juicio. Si no creemos que nuestro pecado no altera Su amor por nosotros, en lo absoluto, no nos arrepentiremos ni procuraremos la santidad. Si creemos que Su amor es pequeño, mezquino, censurador y severo, no querremos ser como Él. Y nunca seremos llenos de Su plenitud hasta que empecemos a comprender la grandeza de Su amor (Ef 3:19). Como miembro de Su familia, eres la niña de Sus ojos, el hijo que Él ama bendecir. Eres Su tesoro.

¿Te incomoda este tipo de lenguaje? ¿Preferirías ver a Dios como trascendente, exaltado, lejos, intocable? Muchos creyentes serios no tienen ningún problema con ver a Dios como su Rey. Yo me incluiría dentro de ese grupo. Pero Dios no solo es trascendente y glorioso; también es inmanente (Is 57:15), cercano. Él vive en medio nuestro. Su Hijo, Emanuel, tiene un cuerpo como el nuestro y ha llevado esa carne al trono del cielo. Estamos con Él en este momento. El Padre está sentado en Su trono y Jesús está sentado a Su lado, vestido de una piel como la nuestra, pero glorificada. Sus manos tocaron a nuestros hermanos. También cocinaban, partían pan y sanaban leprosos. Él permitió que le tocaran, le vieran, le amaran, le acostaran en un pesebre y luego en una cueva. Sí, Él es el Santo y muy exaltado Rey del Cielo, pero también es el Buen Pastor que nos carga en Sus brazos durante el camino a casa.

¿Cómo sabemos que el Padre siente este tipo de amor por nosotros? ¿Cómo pueden nuestros corazones estar confiados ante Él? Simplemente porque Su amado Hijo nos amó y se entregó a Sí mismo por nosotros. Él se convirtió en la ofrenda que debimos dar en agradecimiento. Él fue el sacrificio que teníamos que ofrecer por nuestro pecado. Si Él no escatimó a Su propio Hijo, sino que entregó a Su tesoro por nosotros, ¿cómo nos atrevemos a dudar de Su amor? ¡Qué amor tan glorioso!

Debido a aquello, esto...

En medio de estas declaraciones reconfortantes, este pasaje nos reta con unas obligaciones bastante asombrosas —¡debemos imitar a Dios! ¿Qué te parece ese imperativo? Cuando lo pienso, me parece imposible. ¿Cómo podría hacer eso?

Cuando Pablo nos llama a imitar a Dios, no nos está ordenando a ser omnipresentes ni omniscientes. Hay ciertos atributos que Dios no comparte con el hombre. Pero hay otros que son comunicables y que sí comparte con nosotros, aunque en nosotros se manifiesten en un grado muy inferior. Estos atributos deben madurar en nuestros corazones conforme meditemos en Su amor, disfrutemos de Su cercanía, y libremos la guerra contra el pecado.

La valentía de Pablo al ordenarnos que imitemos a Dios se basa en un hecho: somos parte de Su familia. Somos Sus hijos amados. El parecido familiar ya está ahí. El Espíritu *Santo* está morando en nosotros. La semilla *crecerá* hasta su fructificación. *Dará* fruto. Estas realidades son nuestra única esperanza, pero no es una esperanza débil, como diciendo: "Ay, espero que sí". Es una esperanza segura, fuerte, establecida. De la misma forma en que cada uno de mis tesoros *tienen* algunos de mis atributos, nosotros *tenemos* algunos de Dios. Somos capaces de crecer en nuestra imitación de Él porque somos nacidos de Él, estamos llenos de Él, y estamos unidos a Él.

¿Cómo se ve este parecido familiar? ¿Se ve principalmente en nuestra habilidad para hacer milagros? ¿Nos convierte en genios, sabios o reyes poderosos? Al contrario, Su vida en nosotros se verá a medida que vivamos una vida de amor, dando nuestras vidas por los demás.

Vive una vida de amor

La característica familiar que debiera ser más evidente en nosotros se resume en estas palabras: "anden en amor". Cada pecado que cometemos, ya sea por omisión o comisión, es por no amar como hemos sido amados. Cada transgresión de la ley encuentra su origen en la mezquindad del alma, en una creencia de que debemos proteger nuestros intereses, pelear por nuestros derechos, crear nuestro reino. Así piensan los huérfanos, no los hijos amados.

Permíteme demostrar lo que estoy diciendo al examinar la lista de pecados que vienen después de Efesios 5:1-2, nuestros versículos clave:

> Pero que la inmoralidad, y toda impureza o avaricia, ni siquiera se mencionen entre ustedes, como corresponde a los santos. Tampoco haya obscenidades, ni necedades, ni groserías, que no son apropiadas, sino más bien acciones de gracias. Porque con certeza ustedes saben esto: que ningún inmoral, impuro, o avaro, que es idólatra, tiene herencia en el reino de Cristo y de Dios (vv 3-5 NBLA).

¿Qué es la *inmoralidad*, en todas sus formas desviadas, si no una falta de amor? La inmoralidad sexual está impulsada por el egoísmo y el odio, el deseo de sentirnos satisfechos, deseados y complacidos sin preocuparnos por los demás. La persona que es sexualmente inmoral no ha creído totalmente en el inmensurable amor de Dios en Cristo, ni ha descansado en él, ni se ha deleitado en él; esto le llevará a buscar su satisfacción de forma idolátrica en otra parte.[2]

¿Qué es lo que impulsa la *avaricia* que no sea el pensamiento de que uno no ha sido completamente amado en Cristo? Cada vez que pensamos: "¿Por qué le dieron eso a *ella*?", o: "¿Por qué mi vida no puede ser como la de *él*?", no estamos creyendo que tenemos un Padre amoroso que ha ordenado providencialmente cada situación en nuestras vidas, pensando en nuestra felicidad. Cuando envidiamos, lo que realmente estamos diciendo es: "Si yo tuviera un padre que me amara de la forma en que su padre le ama, ¡yo también tendría eso!".

Cada vez que veo algo que otros tienen y me pregunto: "*¿Por qué no puedo tener eso?*", no estoy amando. En lugar de envidiar la bendición que les ha sido dada, el amor se regocijaría por su gozo (Ro 12:15), sabiendo que las buenas dádivas que tienen les han sido dadas por el mismo Padre que me ama y me da buenas dádivas a mí. El amor vería esa bendición y celebraría la generosidad de nuestro Padre.

La gente que es amada como nosotros hemos sido amados debe tener vidas marcadas por una gratitud y una alegría extremas por la misericordia y la generosidad de nuestro Rey. Si tenemos este tipo de gozo en nuestros corazones, no tendremos que recurrir al tipo de *chistes groseros* y *conversaciones inmundas* que caracterizan los corazones de aquellos que buscan la felicidad en un mundo falto de gracia. Andar en amor no es tanto un asunto de cuáles palabras se pueden usar y cuáles no, sino de entender que Su amor es tan maravilloso y tan abrumador, que desecha la queja (para lo que más se usan las palabras groseras) y la crueldad. Este tipo de lenguaje surge de un deseo de venganza, o por el amor a uno mismo y el deseo de ser considerado inteligente, osado o chistoso. El imperativo de Pablo es que evitemos este tipo de palabras porque "no son apropiadas". "No son apropiadas" porque no tenemos que luchar para hacernos de un nombre, ni depositar nuestra esperanza en que alguien nos ame, nos dé lo que creemos necesitar, o nos considere inteligentes. Somos libres de esta esclavitud porque hemos sido amados por Dios de una forma inmensurable, y nuestro currículum ya ha sido escrito; somos más malvados e imperfectos de lo que jamás nos hubiéramos atrevido a creer, pero más amados y acogidos de lo que jamás nos hubiéramos atrevido a imaginar.

"Ponte" una vida de amor

Recordarás que en la Escritura encontramos imperativos tanto positivos como negativos. En el capítulo anterior, vimos que debemos "quitarnos" la incredulidad y la idolatría, así como todos sus frutos. En este capítulo, vamos a considerar los imperativos respecto a lo que nos tenemos que "poner". Estos imperativos positivos son los que nos tenemos que "poner" en lugar de aquellos que nos "quitamos". Por ejemplo, en el pasaje que hemos estado considerando (Ef 5:1-4), vemos que tenemos que "ponernos" la gratitud en lugar de los chistes groseros y de las conversaciones necias.

Considerando que la incredulidad y la idolatría alimentan a todos los demás pecados, es fácil ver que si no confiamos en la bondad de Dios, no seremos agradecidos. No lo vamos a adorar porque estaremos ocupados adorando a dioses falsos que nos engañan, prometiéndonos la felicidad que tanto añoramos.

Fig. 9.1 **La queja y la gratitud**

Recordar cómo hemos sido amados

- Somos hijos amados
- Somos amados por Jesús de forma inmensurable
- Él se entregó a Sí mismo como ofrenda y sacrificio por el pecado

Produce

- Gratitud en lugar de quejas
- Palabras que edifican a otros en lugar de conversaciones inmundas

Entonces, ¿cómo nos "ponemos" la gratitud? No basta con meramente decidir que no nos vamos a quejar y que vamos a darle gracias a Dios por todo. Cualquiera que ha intentado dejar de quejarse con ese plan sabrá cuanto le duró. No, el verdadero agradecimiento surge de un corazón que:

- *conoce y se deleita en el amor de Dios y en Su cuidado providencial.* Cuando nos enteramos de que nos despidieron del trabajo, o cuando nuestros hijos retribuyen todo nuestro trabajo arduo con rebeldía y nos preguntamos si alguien realmente aprecia nuestro gran esfuerzo, seremos humillados y consolados por Su amor inquebrantable. Él está intensamente comprometido con nosotros e íntimamente involucrado en los pormenores de nuestra existencia. Sí, ser despedido es humillante; sí, la rebeldía de nuestros hijos es dolorosa. Pero como se nos ha dado algo que eclipsa estas angustias transitorias, podemos regocijarnos en toda circunstancia. ¿Cómo podía Pablo cantar canciones de alabanza en un calabozo en Filipos? Él creía en la presencia amorosa de Dios, y quejarse, maldecir o hacer chistes vanos simplemente no encajaba con las verdades del evangelio.

- *ha crecido en la fe en Sus promesas, creyendo que Dios siempre será fiel a Su palabra y que es posible que su vida cambie drásticamente.* Cuando nos enfrentamos a un dolor físico constante o cuando la batalla contra el pecado parece interminable, podemos creer que Dios nos está diciendo la verdad. Somos verdaderamente Suyos; el mismo Espíritu que levantó a Jesús de los muertos está dándole vida a nuestros cuerpos mortales en este instante (Ro 8:11). No tenemos que maldecir nuestro dolor o la ineptitud del establecimiento médico; no tenemos que maldecir nuestros fracasos ni hacer chistes acerca de nuestro pecado. Tenemos algo mejor que hace que nuestros corazones quieran adorar: Su promesa de que vendrá un día en que todas nuestras tristezas, pecados y enfermedades desaparecerán y seremos completamente libres. Mientras tanto, podemos descansar confiadamente en Su gracia sustentadora, orar por sanidad y santidad, y llenar nuestras bocas con acciones de gracias porque hay algo que se acerca que es más real que nuestro dolor actual y que nuestros fracasos.

- *ha comenzado a identificar los ídolos que activan Su imaginación, que lo llevan a estar contrariado.* Por ejemplo, adorar la aprobación o a la independencia financiera nos lleva a enojarnos cuando no nos escogen para una muy deseada promoción. Nuestra idolatría nos llevará a pecar con nuestros labios: maldiciendo al jefe, burlándonos de la autoridad y de la estupidez de aquellos que están por encima de nosotros. Nos olvidamos de la gratitud porque dejamos de pensar en el amor, la gracia y la soberanía de Dios en nuestras vidas. ¿Tenemos que controlar nuestra forma de hablar en el trabajo? Sí. Pero nunca podremos hacerlo si nuestros corazones están enfocados en nuestro propio reino, en nuestro supuesto derecho a ser amados, respetados, recompensados; nunca conquistaremos los patrones pecaminosos en nuestra forma de hablar si la luz del amor de Dios no está alumbrando cada aspecto de nuestra identidad y nuestra vida.

Nuestras formas de hablar y de vivir deben estar completamente saturadas de una fe que nace de y es impulsada por un amor responsivo hacia Él. *Cualquier obediencia que no surja como respuesta a Su gran amor no es más que una penitencia.*

La fe que obra por amor

En el evangelio, la verdadera obediencia es "la fe que obra por amor". Nuestra obediencia agradecida, que nace del amor, es la respuesta a aquellos que nos han amado (1Jn 4:19). El pastor del siglo dieciocho William Romaine describió el gozo de darse cuenta de este amor: "[Dios] te pondrá en la carroza del amor e irás prósperamente en ella. Él engrasará las ruedas del deber, y ellas correrán fácil y placenteramente".[3]

Pablo escribe que, "por obra del Espíritu y mediante la fe", estamos aguardando con ansias la justicia que es nuestra esperanza (Gá 5:5). Nuestra obediencia "evangelizada" debe estar arraigada en la creencia de que Su justicia realmente nos ha sido imputada. En este preciso momento, somos completamente perfectos delante de Él. Nuestra confianza en esta realidad es lo que nos da la fe, la esperanza y el valor para esforzarnos cada día por caminar en la justicia que tanto deseamos. Esta es la razón por la que no debemos olvidar a Jesús cuando procuramos la santidad. Con solo saber que ya hemos sido completamente justificados delante de Él, seremos capaces de responder en santidad cuando nuestros hijos se rebelen, cuando nuestros cónyuges nos falten el respeto, o cuando nuestros empleadores nos despidan. La única motivación que es lo suficientemente poderosa como para convertir una penitencia egoísta en obediencia impulsada por el evangelio es esta: "*Por lo mucho que Dios me ha amado, ahora, en este tiempo difícil, puedo responder en amor*".

La conformidad externa a la ley "de nada sirve" a los ojos de Dios (Gá 5:6 NTV). Si decidimos ser obedientes porque creemos que tendremos una vida más fácil, nos aceptaremos a nosotros mismos o recibiremos recompensas de Dios, nos será inútil. Por eso Pablo decía que todo aquello en lo que antes se gloriaba llegó a ser como basura para él (y él tenía bastantes logros religiosos que presumir). Todo lo que logremos o tratemos de lograr para poder presumir o para sentirnos seguros está destinado a ir a la basura. Se trata de una penitencia, y ese concepto no pertenece al cristianismo porque va en contra del evangelio. La única obediencia que tiene valor es la que es impulsada por el evangelio, "la fe que obra por amor" (Gá 5:6 NBLA). Así que, si vamos a "ponernos" la santidad del evangelio, esta debe empezar por los afectos, por nuestros corazones. Toda buena obra que no surge de una fe impulsada por un amor responsivo, es sencillamente basura moralista.

Seguro estás preguntándote cómo puedes saber si has caído en patrones de penitencia o si tu obediencia realmente está centrada en el evangelio. Puedes determinarlo de varias formas.

- Primero, ¿cómo respondes cuando fallas? ¿Pasas largas horas recriminándote? ¿Te castigas a ti mismo por tus fracasos?

- ¿Cómo respondes a las pruebas? ¿Piensas que Dios te está castigando porque no obedeciste? ¿Te enojas con Él por no cumplir con Su parte del trato?
- ¿Y qué tal con la oración? ¿Amas pasar tiempo en la presencia de tu Padre o ves la oración como una tarea más en tu lista? ¿Disfrutas el hecho de que a Él le encanta pasar tiempo contigo, o te sientes culpable porque no oras lo suficiente?
- ¿Sientes un amor genuino hacia Él, especialmente durante la adoración, durante los sacramentos y mientras escuchas Su Palabra siendo predicada? ¿Estás hambriento y sediento de Él? ¿Te deleitas en los tiempos de alabanza porque te dan la oportunidad de expresar los pensamientos que cautivan tu alma, o ir a la iglesia es una de esas obligaciones que haces a regañadientes?

Al responder estas preguntas podremos comenzar a ver las motivaciones que hay detrás de nuestra obediencia. Si tu fe es alimentada por un amor genuino hacia Él, notarás que tu deseo de obedecer y de servir crecerá. Sabemos que nuestro amor y servicio nunca serán perfectos de este lado del cielo, pero estamos siendo transformados poco a poco, aunque el proceso sea mucho más lento de lo que a veces quisiéramos.

Sírvanse unos a otros con amor

Gálatas 5:13-15 dice:

> Les hablo así, hermanos, porque ustedes han sido llamados a ser libres; pero no se valgan de esa libertad para dar rienda suelta a sus pasiones. Más bien sírvanse unos a otros con amor. En efecto, toda la ley se resume en un solo mandamiento: 'Ama a tu prójimo como a ti mismo'.

Se nos ha dado una gran libertad en el amor de nuestro Salvador. Él ha hecho todo lo que no queríamos ni podíamos hacer por nosotros mismos. Ya no tenemos que preocuparnos por ganarnos la justicia necesaria para estar ante un Juez justo. Pero no debemos usar esta maravillosa libertad como una oportunidad para promover, satisfacer o defender nuestros deseos pecaminosos. En lugar de esto, debemos "ponernos" un corazón de amor para con los demás. Este tipo de amor se manifiesta a través de una vida de servicio, en la que nos olvidamos de nuestras demandas egoístas y de nuestra idolatría, y nos desgastamos por aquellos a quienes Dios nos ha llamado a servir. ¿Cómo se logra esto? Debemos "ponernos" amor por nuestro prójimo. Debemos amarlo de la forma en que ya nos amamos a nosotros mismos.[4]

Aquí es donde las declaraciones y las obligaciones del evangelio deben impactarnos con su poder. No tengo que hacer a los demás a un lado, ignorarlos cuando me molesten, luchar para que reconozcan mi trabajo, usar a alguien por placer pecaminoso, ni rendirme a mis deseos ambiciosos. ¿Por qué? Porque aunque he sido declarada indigna, se me ha dado dignidad en Él. Mi nombre ha sido escrito en Sus manos, así que no necesito que mi jefe lo escriba en su organigrama. Ahora tengo una relación eterna con el Único que siempre me ha conocido y amado realmente, y esa relación me satisface por completo.

Las declaraciones del evangelio tienen un impacto directo sobre las obligaciones del evangelio, guiándome en el uso de mis libertades y llevándome a servir a los demás voluntariamente y con amor. Las declaraciones del evangelio son nuestra motivación para ejercer dominio propio y servir humildemente. Ellas me advierten acerca de hacerle mal al prójimo, y al hacerlo, me ayudan a cumplir la ley del amor (Ro 13:10).

Pero reconocer lo que el evangelio ha declarado acerca de nosotros no significa que no vamos a tener que trabajar diligentemente, fielmente y persistentemente para poder obedecer. Siempre habrá días en que tendré que decirme a mí misma: "Elyse, no tienes que pelear por esto; puedes servir a tus hermanos". Y luego tendré que obedecer específicamente: preparar la cena, hablar amablemente, hacer lo que mi jefe me haya pedido, limpiar el suelo, ofrecerme de niñera, dar sacrificialmente, dejar que otros vayan primero. Tengo que esforzarme para "ponerme" ese amor.

Sin ir más allá de todo lo que Dios ha hecho por nosotros en Cristo, tenemos que hacernos esta pregunta continuamente: *¿Que es lo más amoroso que puedo hacer en este momento?* Como usualmente nos cuesta encontrar la respuesta, la ley de Dios nos puede ayudar. No olvidemos que si queremos obedecer la ley de Dios para establecer nuestra propia justicia, estamos destinados al fracaso. Nunca podremos obedecerla perfectamente, pero en fe y por Su amor hacia nosotros, nos esforzamos por cumplirla, y ella nos ayuda a determinar cuál es el mejor curso de acción. Pablo escribe:

> No tengan deudas pendientes con nadie, a no ser la de amarse unos a otros. De hecho, quien ama al prójimo ha cumplido la ley. Porque los mandamientos que dicen: 'No cometas adulterio', 'No mates', 'No robes', No codicies', y todos los demás mandamientos, se resumen en este precepto: 'Ama a tu prójimo como a ti mismo'. El amor no perjudica al prójimo. Así que el amor es el cumplimiento de la ley (Ro 13:8-10).

En cada circunstancia, pregúntate:

- Hasta donde sé, ¿estoy violando algún mandamiento con estos pensamientos, palabras o hechos?
- Sabiendo que tengo una deuda de amor con mi Padre y con mi prójimo, ¿estoy pagando esa deuda por medio de esta obra, o la estoy ignorando y enfocándome en lo que egoístamente quiero?

- ¿Me gustaría que me dijeran esto? ¿Estoy tratando a mi prójimo de la forma en que me gustaría que me trataran?
- ¿Estoy tomando para mí misma algo que le pertenece a otro —su vida, su reputación, su cónyuge, sus pertenencias, sus bendiciones? ¿O estoy procurando más bien ser extremadamente generosa con mi tiempo, recursos y amor?

Entonces, ¿cuál es la obligación positiva del evangelio que debemos procurar? Simplemente esto: amar a nuestro prójimo de la forma en que hemos sido amados. Permíteme reiterar que este amor se manifiesta de maneras muy normales y casuales. Se trata de lavar pies, lavar trastes; de hablar palabras que purifican el alma y abstenerse de palabras que la contaminen; es someterse a una autoridad injusta porque nos sometemos a una autoridad superior que sí es justa; es poner a un lado el control remoto y entablar una conversación abierta y atenta con nuestro cónyuge; es abrir nuestras vidas para que otros puedan ver nuestro pecado y la gracia de Dios obrando. Cada uno de los imperativos del evangelio en la Escritura puede ser resumido de la siguiente manera: vive una vida de amor porque has sido amado. Conocemos este amor porque Él "entregó Su vida por nosotros", así que "nosotros también tenemos que dar la vida por nuestros hermanos" (1Jn 3:16 NTV).

Sé renovado, "quítate" y "ponte"

¿Cómo se vería la entrega de tu vida en este momento? No lo sé. Todos tenemos circunstancias diferentes. Pero hay algo que Él llama a cada uno de nosotros a hacer: hemos de ser renovados en la actitud de nuestra mente. Tenemos que recordar el evangelio, y dejar que el mismo renueve nuestras ideas de quién es Él, de quiénes somos nosotros, y de lo que nuestro prójimo necesita. Nuestra actitud (y el comportamiento que fluye de ella) tiene que ser evaluada continuamente a la luz del evangelio. Somos más malvados e imperfectos de lo que jamás nos hubiéramos atrevido a creer; somos más amados y acogidos de lo que jamás nos hubiéramos atrevido a imaginar. A la luz de esto, debemos "quitarnos" toda la incredulidad y el amor propio que motivaba nuestra identidad anterior. Y luego tenemos que vivir una vida de servicio amoroso, porque hemos sido creados a la imagen de un Dios que es santo y justo, y que también es amor (Ef 4:22-24). Podemos servirnos mutuamente con fidelidad porque "el Verbo inmortal tomó forma de siervo"[5] y va delante de nosotros, preparando el camino.

Obediencia controlada por el evangelio

"El amor de Cristo nos obliga, porque estamos convencidos de que uno murió por todos, y por consiguiente todos murieron. Y Él murió por todos, para que los que viven ya no vivan para sí, sino para el que murió por ellos y fue resucitado" (2Co 5:14-15).

¿Cómo hemos de vivir esta vida de servicio amoroso? Dejando que el amor de Cristo nos controle y concluyendo que Su muerte por nosotros significa que ya no vivimos para nosotros, sino para Aquel que murió por nosotros y fue resucitado. Por ejemplo, cuando soy tentada a chismear de alguien que me ha despreciado, tengo que:

- *ser transformada en mi actitud.* Jesús nos ama, y este amor es tan deliberado, comprometido y poderoso que le llevó a morir en mi lugar. Pero también ha resucitado, lo que significa que en este momento, cuando soy tentada a decir algo desagradable acerca de otro, soy capaz de rechazar este deseo malvado porque Él conquistó el pecado en mi vida, clavándolo en la cruz. Ya no tengo que vivir para mí misma, tratando de impresionar a otros. No, en lugar de eso, puedo recordar que vivo para Él.

- rechazar *el deseo pecaminoso que me está llamando en este mismo momento*. No necesito defenderme o demostrar que merezco respeto. Hablando en términos muy prácticos, necesito cerrar mi boca y hablarle a mi corazón: "Este deseo de venganza es parte de mi vieja identidad incrédula". Mi nueva identidad me dice que no merezco respeto, pero que he sido amada y acogida por Aquel que me está transformando a Su imagen. Su amor debe controlar mis palabras.
- "*ponerme*" *compasión y amabilidad*, y tratar a mi prójimo de la forma en que yo quiero ser tratada. Puedo decirle la verdad en amor a esa persona —si al hacerlo estoy demostrando amor y siendo de ayuda— dejándole saber cómo sus acciones hacia mí no fueron amables, pero también le puedo servir en formas muy prácticas con el fin de edificarla. Puedo hacer estas cosas porque el Señor, como una manifestación más de Su amor por mí, me va mostrando las formas en que necesito cambiar.

Siguiendo los pasos de nuestro Salvador

¿Cómo se ve una vida de obediencia impulsada por el evangelio? ¿Es aburrida? ¿Se trata de un código de conducta tan estricto que le quita el gozo a todo lo que hacemos, y que nos lleva a autoflagelarnos cada vez que hacemos algo mal? ¿Es agobiante, condenatoria, pequeña y oscura? No, por supuesto que no. Es una vida que se entiende mejor al mirar la vida de nuestro Salvador.

Su vida fue una vida de amor, y estaba llena de servicio hacia gente pecadora. Él celebraba con gozo en las fiestas, alimentó a aquellos que estaban a punto de darle la espalda, se juntaba con los ladrones y con las prostitutas, convirtió el agua en vino. Permitió que las lágrimas de una mujer pecadora lavaran Sus pies; se sentaba con la multitud y hablaba la verdad en amor. Volteó las mesas (y las vidas) de aquellos que querían vender la justicia; calmaba las tormentas y los miedos de Sus seguidores; subió el monte Calvario. Toda Su vida estuvo marcada por un atributo muy evidente: el amor. Debido a que Él entregó Su vida, y a que esa vida está fluyendo en nosotros a través del Espíritu, podemos tener la esperanza de que podemos vivir como Él vivió (1Jn 4:17). Por Su vida, muerte, resurrección y ascensión, podemos dedicarnos a procurar la obediencia que es impulsada por el evangelio. Todos los pecados que tan fácilmente nos asedian —incluyendo el orgullo interesado que afecta todo lo que hacemos— pueden ser vencidos por el amor que Él ha puesto en nosotros. Es una guerra, sí; pero es una guerra gloriosa, en la que podemos estar confiados y pelear con valentía. Es una guerra de amor; y ya sabemos cómo termina.

Entendiendo cómo el amor de Dios transforma tu identidad y tu vida

1. ¿Tienes la esperanza de que tu vida puede ser transformada? Si es así, ¿en qué basas esa esperanza?
2. Define la obediencia impulsada por el evangelio. Define penitencia. ¿A cuál de estas se parece más tu obediencia? ¿Cuál es la clave de la obediencia impulsada por el evangelio?
3. Juan Calvino escribió: "Aquí estoy sujeto a muchos cambios que me pudieran desalentar. Pero ¿y qué? El Hijo de Dios es mi Cabeza, Aquel que está exento de todo cambio. Debo, por tanto, confiar en Él".[6] ¿Cuáles son los "cambios" que te desalientan? ¿Cómo te benefician personalmente la resurrección y la ascensión?
4. ¿Te das cuenta de que cada pecado que cometes es por falta de amor? Piensa en tu día para determinar cómo esto se refleja en tu vida. Si te hubieras "puesto" una vida de amor, ¿cómo habría cambiado tu día? ¿Cómo puedes amar a otros el día de mañana? ¿Qué tienes que "ponerte" y "quitarte"?
5. Resume en cinco oraciones lo que aprendiste en este capítulo.

CAPÍTULO DIEZ

ÁNIMO; TUS PECADOS QUEDAN PERDONADOS

"¡Ánimo, hijo; tus pecados quedan perdonados!".
— Mateo 9:2

La tesis de este libro es la siguiente: "En nuestro deseo de vivir la vida cristiana, la mayoría sencillamente nos hemos olvidado de Jesús". No estoy diciendo que lo hemos olvidado porque nos hemos vuelto fríos hacia Él o porque no le amemos. Creo que lo hemos olvidado porque no entendemos cómo Él encaja en nuestra vida diaria. Sabemos que la crucifixión, resurrección y ascensión deberían de importarnos de alguna manera u otra; todos hemos oído que estas cosas son relevantes y creemos que son hechos históricos, pero es que no logramos entender cómo las realidades que estos hechos representan afectan nuestras dificultades presentes. Nos es difícil conectar los puntos entre Belén, el Calvario, el trono en el cielo, y nuestra rutina diaria. Así resume un escritor la importancia de hacer estas conexiones: "*Todo progreso en la vida cristiana depende de una recapitulación de los términos originales bajo los cuales Dios nos aceptó*".[1] En otras palabras, cada paso hacia adelante depende de un resumen de los puntos principales del evangelio y de su posterior aplicación a nuestras vidas. Una y otra vez, tenemos que volver a la encarnación, la crucifixión, la resurrección y la ascensión, o no podremos progresar en la vida cristiana. Recuerda, el verdadero progreso en la vida cristiana no se mide por nuestro conocimiento de la Escritura, nuestra asistencia a la iglesia, nuestro tiempo de oración, ni siquiera por nuestro testimonio (aunque todo esto es bueno y necesario). La madurez en la vida cristiana se puede medir al responder una sola pregunta: ¿Qué tanto nos parecemos a Él en Su carácter? El resultado de la obra del Espíritu no es más y más actividad. No, el resultado de Su obra se ve en la calidad de nuestra vida, es decir, por la presencia de Sus frutos: "amor, alegría, paz, paciencia, amabilidad, bondad, fidelidad, humildad y dominio propio" (Gá 5:22-23). Una vida llena de estos frutos es una vida como la Suya.

Para crecer en la semejanza de Cristo, tenemos que aplicar el evangelio intencionalmente a lo que somos y deseamos hacer. No podemos desconectar nuestra obediencia de Su santidad, ni nuestra vida mortal de Su vida resucitada. Tenemos que entendernos a nosotros mismos a la luz de nuestra nueva identidad, vernos como realmente somos: malvados e imperfectos, amados y acogidos. Estas realidades del evangelio son las únicas que tienen suficiente poder para engendrar fe, matar la idolatría, producir un cambio de carácter, y motivarnos a la obediencia fiel.

Tus pecados quedan perdonados

Cuando escuchas: "…tus pecados quedan perdonados", ¿cómo reaccionas? ¿Lo das por hecho? "Ah, sí, soy salvo. Mis pecados fueron perdonados". Sí, es reconfortante, pero ¿te fascina? ¿Te acostumbraste a escucharlo tanto que ya no te sorprende? ¿La consideras básicamente como una declaración acerca de algo que debería ser importante, pero que no parece tener mucho poder transformador?

En Mateo, leemos de un paralítico cuyos amigos lo llevaron hasta donde estaba Jesús. Quizás eran familiares, o tal vez eran amigos que lo conocían desde antes que quedara paralizado. No sabemos quiénes eran, pero podemos suponer lo que querían. ¿Qué esperaban? Sanidad, por supuesto. Este inválido y sus amigos esperaban que Jesús le diera la habilidad para hacer lo que anhelaba: caminar, vivir una vida normal. Pero Jesús sabía cuál era la verdadera necesidad de este hombre. En vez de simplemente decirle: "Levántate, toma tu camilla y vete a tu casa", antes le dijo: "¡Ánimo, hijo; tus pecados quedan perdonados!" (Mt 9:2).

Jesús vio que el paralítico tenía una necesidad más urgente que su evidente necesidad física. No se trataba simplemente de un inválido que necesitaba una corrección en su médula espinal. No, se trataba de un cobarde que necesitaba fe, un huérfano que necesitaba un padre, un pecador que necesitaba un Salvador. Así que Jesús le dijo: "¡Ánimo, hijo; tus pecados quedan perdonados!". Con estas seis palabras, Jesús transformó su identidad y su vida.

Su primera palabra fue "ánimo". Al decir esto, no estaba meramente animándolo a que viera el lado bueno. No, le estaba diciendo que tuviera valor, que tuviera confianza, que se olvidara del miedo que se estaba apoderando de su corazón. En varias otras ocasiones, cuando Jesús usó esta frase, la siguió con : "No temas".[2] Este hombre quería ser sanado, y estoy segura de que tenía miedo —miedo a ser decepcionado, a ser rechazado, a volver a perder la esperanza. El Señor vio su corazón, y le dijo al hombre lo que necesitaba escuchar. No le dijo: "Has sido sanado", sino que básicamente le estaba diciendo: "No tengas miedo".

El Señor lo llama "hijo". Esta palabra indica que hay una relación, asegurándole a todo el que escuchaba que el Señor lo veía como una persona, y una persona que Él conocía. Para Jesús, él no era simplemente un extraño, un forastero rogándole un favor a alguien a quien no le interesaba. No, era un hijo de Dios aunque aún no lo supiera.

Quizás, después de oír estas primeras palabras, el hombre pensó que su sanidad estaba asegurada. Pero luego Jesús dijo algo que seguramente lo maravilló, confundió y decepcionó, todo a la vez. Le dijo: "Tus pecados quedan perdonados". ¿Te imaginas lo que significaron esas palabras para este pobre hombre, que no solo estaba paralítico, sino también ciego a su necesidad espiritual? ¿Te imaginas lo que puede haber pasado por su mente? "¿Que mis pecados quedan perdonados? ¡Pero si yo necesito ser sanado!". Y en ese sentido, quizás nos parecemos más a él de lo que pensaríamos. Venimos a Jesús esperando que nos ayude a perder peso o que nos haga negociantes exitosos; esperando que nos envíe una pareja o que haga que otros nos traten como queremos ser tratados. Pero Jesús tiene algo diferente que decirnos, algo mucho más importante. Jesús nos dice: "Ten fe en Mí, te amo y te he hecho mío. He sufrido por tu pecado y has sido completamente perdonado."

El Señor, que lo amaba y entendía perfectamente, conocía su verdadera necesidad. Sabemos que el Señor luego lo sanó —más que todo para probar Su autoridad como Hijo de Dios para perdonar sus pecados— pero primero tenía que ocuparse de algo más apremiante. El hombre necesitaba que le aseguraran que la fe en Cristo no lo iba a decepcionar. Y sobre todo, necesitaba saber que sus pecados habían sido perdonados. ¿Necesitaba ser sanado? Claro que sí. Pero necesitaba algo mucho más importante —y nosotros también. *En lugar de que las verdades de la fe y el perdón sean auxiliares en nuestra vida, todo lo demás tiene que auxiliarse de ellas.* Nada —ni tu puesto en el trabajo, ni los logros de tus hijos, ni tu atractivo físico, *nada*— es más importante que esto.

Para ayudarte a hacer conexiones entre las maravillosas verdades que hemos estado estudiando (los indicativos) y tu vida diaria, voy a explicarte brevemente cuatro situaciones[3] y te ayudaré a ver cómo el evangelio no solo es relevante, sino que es necesario para crecer en nuestra semejanza a Cristo.

"¡No me puedo permitir subir de peso otra vez!"

Julia es una joven de diecisiete años que está cursando su último año en la secundaria, y por tres años ha estado luchado con aceptar su peso. Esto la ha llevado a hacer ayunos prolongados, a provocarse vómitos y a hacer ejercicio de una forma extrema. Ella es creyente y reconoce que su comportamiento es pecaminoso y que está dañando su salud. Le aterroriza la idea de ser gorda, pero también la aterroriza la idea de lo que puede suceder si no cambia. Ha tratado de dejar este comportamiento, pero no ha tenido mucho éxito. La pregunta sería: ¿Trata Julia con su pecado a la luz del evangelio?

La encarnación

El hecho de que Dios se hizo hombre le dice a ella que Él sabe lo que es ser humano, vivir en la carne. Él no es un espíritu sin cuerpo; sabe lo que se siente comer y estar cansado. Tener un cuerpo no es algo malo; es algo bueno porque Dios ha tomado uno para Sí mismo, para siempre. Belén también le cuenta acerca de un amor tan infinito que Jesús estuvo dispuesto a confinar Su naturaleza humana a un cuerpo de carne para poder traerla a Sí mismo como Su esposa.

Su vida perfecta

Debido a que Jesús vivió una vida sin pecado, obedeciendo cada mandamiento en su lugar, ahora Julia no tiene que tratar de obedecer por sí sola. Puede dejar de entretejer hojas de higuera, porque Él ya la ha revestido con "mantos de justicia".

La crucifixión

Aunque Julia está llena de incredulidad e idolatría, y de todos los pecados que surgen de ambas, Cristo ya llevó (y continúa llevando) cada uno de esos pecados en su lugar. Sí, su pecado merece la ira de Dios, pero toda Su ira ha sido completamente derramada sobre Su Hijo. Ella ha sido totalmente perdonada por todo su amor propio y egocentrismo, y por todo su miedo, deshonestidad, palabras groseras, comparaciones, vanidad y egoísmo.

La resurrección

Debido a que Jesús fue levantado de entre los muertos, ella puede estar segura de dos cosas: primero, el sacrificio de Cristo fue aceptado por Dios y Él la ha perdonado. Segundo, ya los pecados de la incredulidad, el amor propio y la autoexaltación no tienen poder sobre su vida. Ella puede tener fe para continuar luchando contra estos pecados porque Jesús ha ido delante de ella y le asegura su futura glorificación. Aunque estos pecados parezcan más poderosos que su fe, ella puede estar segura de que ahora vive una vida nueva, fortalecida por el Hijo de Dios, quien ha resucitado.

La ascensión

Debido a que Jesús ahora está sentado a la diestra del Padre, en carne pero glorificado, el cuerpo de Julia no puede repugnarle al Padre. De hecho, Él la ama y eventualmente la llevará en cuerpo y alma a Su presencia. Dado que ella es realmente hermosa para Él, ella puede comenzar a disfrutar su cuerpo, en lugar de verlo como un enemigo o como su identidad. Además, su Salvador está intercediendo por ella ante el Padre, orando por ella, enviándole Su Espíritu, y concediéndole la gracia y la fe que necesita.

A la luz de todas estas maravillosas declaraciones, ella puede acercarse a los imperativos en fe y esforzarse para "ponerse" una obediencia agradecida. La humildad que automáticamente fluye de una verdadera conciencia del evangelio le dirá lo que ella necesita saber: sí, ella es malvada e imperfecta, pero su pecado no empieza ni termina con sus hábitos alimenticios. Ella es una idólatra, una adoradora de sí misma;

está esforzándose para obtener su propia justicia, construyendo su propio reino, y queriendo que otros la adoren.

Pero eso no es todo lo que el evangelio dice acerca de ella. También dice que ella ha sido amada y acogida. Estos pecados ya han sido pagados en su totalidad, y Jesús ya ha vivido perfectamente su lugar. Él solo procuró la aprobación de Su Padre, y la obtuvo; demostró lo que era la verdadera justicia, por dentro y por fuera; entregó Su cuerpo por el alma y el cuerpo de Julia, y construyó el Reino de Su Padre para Su gloria. Todas estas perfecciones son suyas en Él.

Por tanto, a la luz de estas verdades, ella debe esforzarse en procurar la santidad, identificando las mentiras que siempre ha creído: "No valdré nada si estoy gorda; mi verdadero valor depende de mi aprobación de mí misma". Su mente debe ser renovada, dándose cuenta de que por fuera se irá desgastando, pero por dentro está siendo renovada día tras día. Tiene que ver que Cristo Jesús ha declarado su valor en Su amor; debido a que Él la ama, ella no tiene que esforzarse para obtener el amor y el respeto de los demás. Después, tiene que dejar todos los comportamientos que fluyen de estas mentiras: privarse de alimentos, pesarse innecesariamente, la glotonería y el ejercicio excesivo. Al mismo tiempo, debe "ponerse" la santidad: la confesión humilde de sus pecados a otras hermanas, pedir ayuda y enfocar su vida en el servicio a otros. ¿Qué necesita oír? "Ánimo, Julia. Ya eres Mi hija. Tus pecados quedan perdonados".

La ansiedad de Jorge

Muchos dirían que la vida de Jorge es el mejor ejemplo de una vida exitosa. Tiene una hermosa mansión en uno de los vecindarios más codiciados del mundo. Está como nunca en su vida: director de *marketing* de la compañía de software en la que ha estado trabajando durante décadas. Sus hijos ya son mayores de edad y van bien; su esposa es dulce y amorosa. Él dice ser cristiano, y que su cristianismo es importante para él, pero su esposa diría que su trabajo es más importante que cualquier otra cosa. Y aunque a estas alturas él ya debería de estar más relajado y disfrutando el fruto de su trabajo, puede que su empresa pierda un pleito judicial y termine en bancarrota. Todo aquello por lo que ha trabajado está a punto de esfumarse, y lo que es peor, algunos de los accionistas están insinuando que la demanda tuvo que ver con negligencia de su parte. Ahora comenzó a beber en exceso y se despierta por las noches lleno de pánico. Siente que no puede relajarse ni por un momento porque, si lo hace, todo se le puede "escapar de las manos". Se siente irritable, confundido, y se pregunta qué habrá hecho para merecerse esto. Se pregunta cómo todo su trabajo arduo puede terminar siendo un fracaso. Se pregunta por qué Dios no está protegiendo su puesto. ¿Cómo puede el evangelio ayudar a Jorge?

La encarnación

La humillación que caracterizó la encarnación es algo que Jorge ha estado evitando inconscientemente durante toda su vida. La entrega de Cristo es completamente opuesta a lo que él piensa que Dios quiere para él. Aunque su esposa ha sufrido su ausencia por años, él argumentaría diciendo que le ha dado una buena vida tanto a ella como a sus hijos. Él necesita ver como la encarnación implica una *relación de autosacrificio*, no solo la provisión de las necesidades materiales. Cristo Jesús no estuvo demasiado ocupado en el cielo como para negarse a ser despojado y aceptar la carga de tener comunión con Jorge.

Su vida perfecta

La buena noticia para Jorge es que Cristo Jesús vivió la vida que Jorge debió estar viviendo. Jesús dejó Su palacio celestial y rechazó la autopromoción, buscando única y continuamente la gloria de Su Padre (Jn 5:41-44). Él nació en un establo. Trabajó haciendo labores domésticas con Sus manos: tallando madera, pescando. No tuvo lugar donde recostar Su cabeza y fue despreciado por los ricos. Trabajó para obtener verdaderas riquezas —para que Jorge nunca sintiera su bancarrota espiritual— y dio Su vida por Su esposa.

La crucifixión

Jorge ha estado luchando durante toda su vida para probarle a otros que es exitoso, pero nunca ha visto la cruz por lo que realmente es: una acusación y condena por su miserable fracaso. Ha ignorado las cosas en las que debió haberse concentrado, pero su Salvador cargó con toda la ira del Padre en su lugar. Cada palabra desagradable, cada gota de alcohol usada para anestesiar el alma, cada vez que ignoraba las súplicas de su esposa, fue puesta sobre el Salvador que sufrió por él. Jorge tiene que entender que es un miserable fracasado, pero su fracaso no se debe simplemente a que podría perder su riqueza material; ha fracasado por su falta de amor a Dios y a su prójimo. Pero Jesucristo sufrió la agonía que Jorge merecía.

La resurrección

Aunque Jorge se sienta desesperanzado, la resurrección debe llenarlo de esperanza. Su esperanza no debe ser que la vida seguirá igual que siempre y que su trabajo no correrá peligro. No, su esperanza debe estar en que aunque su sufrimiento continúe por un tiempo, su gozo futuro está asegurado. Su Salvador ha completado todo lo que había que hacer, y después se ofreció a Sí mismo para sufrir de la forma más vergonzosa, pero la historia no termina ahí. Cristo Jesús conquistó la muerte, y ahora, porque Cristo vive, Jorge no tiene por qué temer. Ya no tiene que probar su valor ni tiene que vivir con miedo y en desesperación. Por el poder del Espíritu, puede cambiar; él puede llegar a ser el hombre que Dios le está llamando a ser.

La ascensión

El reinado victorioso de Cristo le trae mucha esperanza y consuelo a Jorge. Su vida y su carácter no están a la merced de accionistas o de jueces, sino que están siendo cuidados por un Hombre que entiende y es escuchado por el Rey.

A la luz de toda esta verdad, Jorge necesita arrepentirse de sus ambiciones egocéntricas y de su amor por el éxito. También necesita arrepentirse por no tener comunión con la persona por la que particularmente debiera dar su vida, su esposa. La mentira que siempre ha creído —"Tengo que ser exitoso para poder ser feliz"— debe ser reemplazada por la verdad —"Soy completamente malvado e imperfecto, pero también soy amado y acogido". Su amor por el éxito debe ser reemplazado por un amor hacia los demás.

Jorge necesita confesar sus pecados a un grupo de amigos junto a él que le animen, oren por él y le confronten cuando empiece a caer nuevamente en la autopromoción. Debe abstenerse de cualquier forma de autocomplacencia, y en su lugar, pedirle al Señor que le abra los ojos para que pueda ver sus verdaderas necesidades. ¿Qué necesita escuchar? "Ánimo, Jorge, mi hijo. Tus pecados quedan perdonados".

La depresión de María

Si juzgamos por las apariencias, María parece tener una buena vida. Por eso todos se sorprendieron al descubrir que tenía una semana sin salir de la cama y que incluso hablaba de suicidarse. El esposo de María es un buen proveedor, y aunque luchan económicamente, él trata de ser buen esposo y padre. Sus hijos, de siete y nueve años, son niños normales. Hace poco se descompuso el calentador de la casa, y su auto ya está en las últimas, así que su esposo está haciendo horas extras en el trabajo para tratar de arreglar todo. Así que, ¿por qué María se siente tan infeliz? Se siente infeliz porque siempre creyó que si servía al Señor,

Él le proveería una buena casa para poder demostrarle a su mamá y a su hermana que ella no es la fracasada que siempre han dicho que es.

La encarnación

Al igual que Jorge, María necesita ver la forma en que Jesús se despojó de Sus riquezas por el bien de otros. Aunque ella dice que no quiere ser "rica", la verdad es que su amor por el dinero está llenando toda su alma de oscuridad (Mt 6:19-24). Su Salvador se volvió pobre para que ella pudiera disfrutar de las verdaderas riquezas, y retenerle las comodidades de la vida es una manifestación más de Su amor. Aunque Él siempre ha sido amado y adorado en el cielo, Su vida en la tierra fue marcada por traición, malos entendidos y falsas acusaciones. Un día le adoraban y arrojaban palmas delante de Él. Al día siguiente, le insultaban y gritaban: "¡Crucifícale, crucifícale!". Ya sea que su familia apruebe de ella o no, su Salvador tomó la forma de un humilde siervo por su bien, y es por esa razón que ella puede abrazar su rol de sierva y pelear contra el deseo de ser adorada.

Su vida perfecta

La vida de su Redentor fue marcada por Su obediencia humilde, cuyo único propósito era darle gloria a Su Padre. No pensó que sería protegido del sufrimiento por Su obediencia; de hecho, fue todo lo contrario. El enojo y la autocompasión que han alimentado los pensamientos suicidas de María surgen de su creencia de que se ha esforzado tanto que merece mucho más de lo que tiene. Por supuesto, su perspectiva en cuanto a lo que ella cree que se merece no es real, pero la maravillosa noticia es que aun así, ella tiene el récord perfecto de otro.

La crucifixión

En la cruz, Cristo Jesús cargó con la ira que María merecía justamente por no vivir para la gloria de Dios. Él fue aplastado por su orgullosa creencia de que ella podía ser lo suficientemente buena como para ganarse algo de parte de Dios. Recibió los golpes que ella merecía por pensar que Dios era injusto y malo. Fue abandonado por Su Padre porque ella había abandonado a su Salvador, prefiriendo amar y adorar a las riquezas.

La resurrección

María puede levantarse cada día y luchar, ya sea que el día esté lleno de las críticas de su familia o que se le descomponga la lavadora. Ella puede enfrentar estas cosas porque tiene a un Salvador que sufrió en su lugar, comprando su aceptación ante Dios, y también porque su adopción a la familia de Dios es segura. En esa familia, todos los miembros tienen el mismo récord: pecador amado. También está comprometida para casarse con el Señor resucitado, y ese compromiso es el factor más importante de su identidad.

La ascensión

Su Prometido celestial está vigilando cada detalle de su vida, proveyendo todo lo que ella realmente necesita, como el amante Esposo que es. La está llamando para que se levante y venga a Él en fe, para que crea que lo que Él dice acerca de ella es más importante que lo que dice su madre, para que confíe en Su cuidado providencial.

María necesita arrepentirse de su incredulidad y de su idolatría. No ha creído que Dios es verdaderamente bueno y que quiere lo mejor para ella. Tampoco ha creído que Él la puede satisfacer. No ha visto la profundidad de su idolatría, el amor por la aprobación de su familia, su creencia de que puede ser lo suficientemente buena como para "ganarse" todo menos el infierno. Necesita arrepentirse de sus "vicios espléndidos", las buenas obras que ha hecho para tratar de agradar a Dios.

A la luz de todo esto, María necesita confesar su pecado a otros, pedir ayuda y rendir cuentas. Cuando se sienta tentada a ceder ante la autocompasión, necesita buscar formas de amar a otros y cumplir con sus responsabilidades lo mejor que pueda —para la gloria de Dios. Cuando se sienta tentada a preguntarse qué Él ha hecho por ella hoy, necesita recordar el evangelio, arrepentirse de su justicia propia y su codicia, y expresar gratitud por la disposición de su esposo para trabajar. Debe hacer una lista de las responsabilidades que necesita completar cada día, ofrecerle su trabajo al Señor, y luego trabajar.

Lo atractivo de la tentación

Miguel es un hombre cristiano bonito, casado con una hermosa mujer cristiana y unas hijas gemelas encantadoras. No es rico, pero es diligente y está trabajando arduamente para proveerle a su familia. Pero Miguel tiene un secreto. Ha estado visitando páginas pornográficas en el Internet desde hace un tiempo, y ahora siente atracción por la nueva recepcionista de la oficina. Miguel ama a su esposa y a sus hijas, pero esta otra mujer es coqueta y es obvio que está interesada en él. Una salidita para tomarse un café con ella no sería un problema, ¿cierto? ¿Qué tiene Miguel que recordar acerca del evangelio?

La encarnación

Miguel necesita desesperadamente que le recuerden la encarnación. Su Salvador se hizo carne, puso a un lado Sus placeres legítimos, y tomó la forma de un siervo por amor al alma de Miguel. Al relacionarse con otras mujeres, su Redentor siempre procuraba lo mejor para ellas. Jesús amaba a las mujeres y no las usaba para Su propio beneficio. En Su hombría, Jesús no era un cobarde. Él no era inmune al deseo legítimo de llegar a ser uno con otra; sabía que la soledad no era buena. Pero Él se negó a Sí mismo la gratificación instantánea para que el día de Su boda esté lleno de gozo y pureza.

La vida perfecta

A pesar de que Miguel no está amando a sus semejantes femeninas como se ama a sí mismo, él tiene un Salvador que lo ha hecho en su lugar. Cuando Jesús enseñó que toda la ley se resumía en estas dos leyes: "Ama a Dios y ama a tu prójimo como a ti mismo", Él mismo estaba sujeto a esa ley.

La crucifixión

En la cruz, el Redentor de Miguel sufrió por todo el adulterio que Miguel ya ha cometido en su corazón. Aunque salir "a tomar café" con esta otra mujer le traería gran sufrimiento a su familia, Miguel ya le causó agonía a su Salvador por sus deseos lujuriosos. Aun así, Jesucristo cargó con toda la ira de Su Padre por todos los pecados de Miguel, y Miguel ha sido completamente justificado ante Él.

La resurrección

El poder de la esclavitud de Miguel a la pornografía y de la tentación al adulterio fue destruido cuando Cristo Jesús murió por su pecado y después resucitó por el poder del Espíritu del Padre. Miguel ha sido renovado por completo. Tiene una nueva identidad. Él ha sido adoptado, y ahora es un hijo amado que tiene más dones de lo que jamás podría numerar. Ha sido amado por el Padre y acogido plenamente en Su familia. Ya no tiene que idolatrar el ser deseado por otra mujer, porque ha sido deseado y cautivado por el amor santo de su Salvador.

La ascensión

Jesús está en el cielo ahora, el Dios-Hombre. No es un sumo sacerdote que es insensible a las tentaciones de Miguel como hombre, sino que más bien ha pasado por todas esas tentaciones sin pecar. Y ahora está llamando a Miguel a "[acercarse confiadamente al trono de la gracia para recibir misericordia y hallar la gracia que [le] ayude en el momento que más la [necesite]" (Heb 4:16). Miguel puede confiar en la ayuda de Jesús porque Él ha prometido salvarle hasta lo sumo y quitar todo obstáculo que pueda frustrar su llegada al hogar celestial.

A la luz de todas estas verdades, Miguel necesita arrepentirse de su odio por las mujeres y su deseo de usarlas para su propio engrandecimiento. Necesita aprender que, ante Dios, las mujeres tienen la misma dignidad que él, y que cuando ve pornografía, tiene pensamientos de encuentros amorosos con otra mujer, o le miente a su esposa no está amándolas sino odiándolas, y poniendo en peligro sus almas por sus propios placeres efímeros y egoístas.

Miguel necesita confesar su pecado a un grupo de hombres que luego le pidan cuentas y le ayuden a hacer lo necesario para impedir su uso de la pornografía. Necesita confesarle sus pecados a su esposa, pedirle que ore por él, y luego humillarse mientras ella se esfuerza por restablecer la relación de confianza que él ha roto. De ser necesario, tiene que pedir que lo trasladen o incluso buscar otro trabajo con tal de huir del deseo que él dejó crecer. Tiene que pensar sobre la pureza y protección de sus hijas, y procurar ser el padre que ellas necesitan.

Por supuesto, hay mucho más que decir acerca de cada uno de estos problemas. Esta sección no tiene la intención de decirte todo lo que debes decir o hacer, sino de darte una introducción de cómo se ve la aplicación del evangelio a la vida diaria.

Que esta sea la actitud de ustedes

Todo lo visto en estos casos hipotéticos está ilustrado en Filipenses 2, donde encontramos las declaraciones y obligaciones del evangelio, y las motivaciones detrás de la obediencia impulsada por el evangelio.

> No hagan nada por egoísmo o vanidad; más bien, con humildad consideren a los demás como superiores a ustedes mismos. Cada

uno debe velar no solo por sus propios intereses sino también por los intereses de los demás. La actitud de ustedes debe ser como la de Cristo Jesús, quien, siendo por naturaleza Dios, no consideró el ser igual a Dios como algo a qué aferrarse. Por el contrario, se rebajó voluntariamente, tomando la naturaleza de siervo y haciéndose semejante a los seres humanos. Y al manifestarse como hombre, se humilló a Sí mismo y se hizo obediente hasta la muerte, ¡y muerte de cruz! Por eso Dios lo exaltó hasta lo sumo y le otorgó el nombre que está sobre todo nombre, para que ante el nombre de Jesús se doble toda rodilla en el cielo y en la tierra y debajo de la tierra, y toda lengua confiese que Jesucristo es el Señor, para gloria de Dios Padre (Fil 2:3-11).

A la luz del evangelio, Julia, Jorge, María y Miguel necesitan aplicarse este pasaje a sí mismos. El vano egoísmo de Julia debe ser aniquilado por el despojo total de Cristo. La ambición y avaricia de Jorge deben transformarse en un servicio humilde, y su amor por el dinero y el poder en un amor por el Salvador, quien "aunque era rico, por causa de ustedes se hizo pobre, para que mediante Su pobreza ustedes llegaran a ser ricos" (2Co 8:9). La autocompasión de María debe ser eliminada por el gozo de tener un Salvador glorificado, quien le ha provisto todo lo que ella necesita a un alto costo para Sí, y quien es digno de toda adoración. El lujurioso egocentrismo de Miguel debe ser ahogado por un amor desinteresado por su esposa e hijas, de la misma manera en que sus deseos ahogaron la coexistencia de Cristo con Dios.

Anímate; tus pecados quedan perdonados

Así que ahora, antes de enfocarte en las formas en que debes cambiar, pasa un buen rato contemplando el evangelio. Tienes una nueva identidad: eres un hijo adoptado de Dios. Tienes un récord perfecto; no tienes que tratar de probar nada acerca de ti mismo ni tienes que buscar seguridad en otro lugar. La justicia perfecta de Cristo es tuya. Por esta razón, tienes una relación eterna con el Gozo de Toda la Tierra; esta relación nunca terminará porque fuiste hecho partícipe de Su vida y has sido completamente redimido y reconciliado con Él. Todo esto se te ha dado por fe, la cual también te fue dada.

A la luz de todas estas bendiciones, te animo a obedecer todas las obligaciones del evangelio que siempre has intentado obedecer, pero ahora con una motivación y una energía diferentes. Estás siendo transformado por Su gran amor, y eso es todo lo que importa acerca de ti. Ánimo, hijo o hija; tus pecados han sido perdonados.

Entendiendo cómo el amor de Dios transforma tu identidad y tu vida

1. Aplica el evangelio a tu vida. ¿Cuáles son las declaraciones que Dios ha hecho acerca de ti? ¿Cuáles los imperativos que ahora debes procurar?
2. Define el evangelio. Pista: "Somos más malvados e imperfectos de lo que jamás…".
3. Escribe Filipenses 2:3-11. ¿Cómo se vería esta actitud en tu vida? ¿Cómo se resiste tu corazón a esto?
4. ¿Qué significa para ti que Cristo Jesús haya dicho: "Ánimo, tus pecados quedan perdonados"?
5. Resume en cuatro o cinco oraciones lo que aprendiste en este capítulo.

Capítulo once

Relaciones centradas en el evangelio

Luego Dios el Señor dijo: "No es bueno que el hombre esté solo".
— Génesis 2:18

Hace algunos años, mi esposo y yo tuvimos la maravillosa oportunidad de vacacionar en Europa. En unas tres semanas y media, visitamos trece países. Cuando entrábamos en un país, nos estampaban nuestros pasaportes, cambiábamos monedas, aprendíamos frases clave, y nos íbamos a visitar a los nativos. Paseábamos por los mercados en las calles, explorábamos los museos, probábamos la comida. Intercambiábamos cortesías con la gente local, nos sentábamos en las escaleras de las catedrales, tomábamos unas cuantas fotos, comprábamos alguna cosita para recordar nuestro tiempo allí, y después nos íbamos. Tuvimos unas vacaciones maravillosas. Nuestras cortas visitas no cambiaron nuestros corazones de una forma significativa, pero es que esa no era la intención. Éramos turistas.

Iglesias para turistas

Me parece que lo que acabo de describir es muy parecido a la forma en que muchos ven la vida congregacional de la iglesia local. Cualquier domingo, o mejor aún, sábado por la noche, se pueden encontrar muchos turistas en la iglesia. Van por cuarenta y cinco minutos o una hora, cantan un par de canciones, intercambian cortesías con la gente local: "¡Hola! ¿Cómo estás?". "¡Bien! ¿Y tú?". "¡Qué bien! ¡Un gusto compartir contigo!". Prueban algo de la comida local, puede que compren un libro o CD para recordar su visita, y luego corren hacia sus carros para irse a su restaurante favorito antes de que sea la hora pico, o a sus casas antes de que empiece el partido. Para muchas personas, la iglesia es simplemente un lugar al que van una vez por semana. Se trata de ser un turista, y hoy en día hay un montón de iglesias aptas para turistas. *Entras, haces algo religioso, sales y ¡hasta luego!*

Iglesias que funcionan con programas

Sé que la mayoría de mis lectores no se ven a sí mismos como turistas en la iglesia. Para muchos de nosotros, la iglesia es central en nuestras vidas. A ver si puedo describir nuestra experiencia común: nuestra reunión principal, donde sucede lo más importante, es el domingo en la mañana. Nos reunimos, cantamos, somos guiados en la oración congregacional, nos saludamos unos a otros, damos nuestras ofrendas, escuchamos los anuncios, escuchamos un sermón, cantamos una canción, nos vamos. Si estamos "muy comprometidos", vamos a la escuela dominical. Quizás también vayamos a un servicio por la noche o a un estudio bíblico en la semana. Entendemos que no podemos ir a la iglesia como turistas, corriendo de un lado a otro, comprando, probando la comida; así que vamos a la iglesia como si fuéramos estudiantes asistiendo a clases en las que nos enseñan cómo vivir en un país, pero realmente no llegamos a vivir con la gente de ese país.

Por favor, no asuman que estoy diciendo que es malo reunirse los domingos o durante la semana para estudiar la Biblia juntos. No estoy diciendo eso. Estoy completa y gozosamente comprometida con las reuniones de nuestra iglesia. Creo que se nos ha ordenado reunirnos para ser instruidos, ofrecer sacrificios de alabanza, usar nuestros dones para servir, y para recibir gracia a través de los sacramentos. No estoy diciendo que no debemos reunirnos de esta forma, lo que estoy diciendo es que nos estamos perdiendo una parte importante de lo que implica una vida cristiana normal. Una vida cristiana normal tiene que ver más que nada con relaciones: con Cristo y con otros por medio de Él.

La iglesia como una familia

La iglesia del Nuevo Testamento, en parte por la gran persecución que enfrentó y en parte por la naturaleza familiar de la cultura, era una *familia muy unida en su relación*. Se veían a sí mismos como una familia, como padres y madres, hermanos y hermanas, viviendo la vida juntos. De hecho, las relaciones entre los hermanos cristianos muchas veces eran más profundas y comprometidas que aquellas que tenían con sus familias biológicas. Tenían una nueva identidad, una identidad definida por una adopción común. Solían vivir juntos o compartir sus bienes materiales sacrificialmente, porque muchos habían sido echados de sus trabajos y casas. Aunque era extremadamente difícil para ellos, sabían que esta era la forma de vivir la vida congregacional: en relaciones bíblicas, cercanas y profundas. Aunque la mayoría de nosotros no estemos sufriendo la misma persecución que ellos en ese tiempo, nuestra vida congregacional debería ser así. John Piper dijo:

> Para muchos cristianos, la vida de iglesia se limita a un culto de adoración el domingo por la mañana, y nada más. Un pequeño porcentaje le agregan a eso algún tipo de clase, quizás el domingo

por la mañana o el miércoles por la noche, en el que hay muy poco ministerio interpersonal. Ahora, no me malinterpreten, yo creo en el tremendo valor de la adoración colectiva y creo que los tiempos de enseñanza sólida son cruciales para profundizar en la Palabra y fortalecer las almas. Pero es sencillamente imposible leer el Nuevo Testamento en búsqueda de lo que se supone debería ser la vida de la iglesia y concluir que los cultos de adoración y las clases son el total de lo que la iglesia está supuesta a ser.[1]

La naturaleza de tu Dios

La vida congregacional de la iglesia no es solo "cultos y clases", sino que es mucho más. Es una relación comunitaria. La relación principal para todo cristiano es con nuestro Padre y con Su Hijo. Todas las otras relaciones son solo un reflejo de este único y gran amor. Sin esta relación, miles de otras relaciones son nada. Este es el punto máximo de nuestra existencia: conocer a Dios y a Su Hijo, Jesucristo (1Jn 5:19-20). Todas nuestras demás relaciones se basan en esta (1Jn 1:7). La única razón por la que podemos amar es porque hemos sido amados. Podemos ser abiertos y transparentes porque reconocemos que todos somos malvados e imperfectos, pero amados. Ya no tenemos que fingir. Todos somos tan amados y acogidos que no necesitamos luchar para ganar popularidad, dominar a nuestros amigos, o excluir a otros; podemos amarlos y acogerlos. Podemos amar porque hemos sido amados.

Somos llamados a ser personas relacionales porque nuestro Dios es un Dios relacional. Él es *tres* personas en *una*. Nuestro Salvador es dos naturalezas en una. En Su mismo ser, Dios es una comunidad relacional, y con esto está diciendo que las relaciones comunitarias no solo son bonitas, sino buenas y necesarias.

Piénsalo: la primera observación negativa que se hizo después de la fundación del mundo fue: "No es bueno que el hombre esté solo" (Gn

2:18). La soledad no es buena; de hecho, es mala. Sabemos esto porque nuestro Dios es perfecto, y discierne y demuestra perfectamente lo que es bueno y lo que no es bueno. La soledad intencional no es buena, la relación con Él y con otros sí lo es.[2]

No solo tiene una comunidad dentro de Sí, sino que también nos busca para que formemos parte de Su comunidad y Su familia. Él murió para comprar una esposa. Nos llama Sus hijos. Nos invita a que le conozcamos y a ser conocidos por Él (1Co 13:12). Se nos revela (1Co 2:10) y escudriña hasta lo más profundo de nuestro ser (Ap 2:23). Él nos une a Sí mismo eternamente, sin pedirnos que renunciemos a nuestra individualidad. Así como Él no pierde Su individualidad al ser tres personas en una, nosotros tampoco perdemos la nuestra al unirnos espiritualmente a Él (1Co 6:17). Nos sigue llamando por nombre.

El Señor, en cuya imagen fuimos creados y estamos siendo regenerados, está intensamente comprometido a desarrollar y mantener relaciones dentro de Sí y con nosotros, Sus hijos. Cada acto de humildad y de entrega de Sí mismo lo hace con este fin: para fomentar las relaciones. Un verdadero crecimiento en nuestra semejanza a Él se reflejará en la calidad de nuestras relaciones: más entrega de uno mismo, más amor, más transparencia y un mayor compromiso con los demás.

Sabemos que al Padre le apasionan las relaciones porque a Su Hijo le apasionan. Mientras estuvo en la tierra fue parte de una familia, y tuvo una madre, un padre terrenal, hermanas y hermanos. No necesitaba una familia para sobrevivir, ¿verdad? Aquel que multiplicó los panes y los peces tuvo amigos cercanos e iba frecuentemente a sus casas a comer. Se le encontraba entre las multitudes, con los setenta, con los doce, con tres (Pedro, Jacobo y Juan) y con uno (Juan). Jesús tenía un grupo íntimo de amigos y tenía un mejor amigo. Esto era algo normal y bueno, y era parte de lo que significó para Él vivir Su naturaleza como el Hijo de Dios.

Cuando el pecado entró al jardín, la consecuencia principal fue una ruptura profunda en las relaciones. Adán y Eva fueron separados el uno del otro, temiendo y culpándose el uno al otro. Entretejieron hojas de higo para esconder su desnudez. Se escondieron de Dios, y la comunión con Él les aterraba. Construyeron nuevas identidades: el esposo enojado y acusador, y la esposa engañada y amargada. Fueron echados del jardín y excluidos de una relación abierta con su Padre. Siempre se verían a sí mismos como abandonados, como huérfanos. Ese fue el fin del paraíso.

Nuestra relación con los demás

Dios está restaurando Su imagen en nosotros por medio de nuestra relación con Él y de nuestra relación con otros creyentes. A través de Su Espíritu, está haciendo que nos parezcamos a Él. Esto sucede en la medida en que Su gracia y Su Palabra son aplicadas a nuestras vidas por medio del ministerio encarnacional de los creyentes, es decir, de su ministración unos a otros. Dios usa medios para informarnos y transformarnos, y el medio principal son las relaciones en la iglesia local.

Conforme he viajado por los Estados Unidos, hablando en buenas iglesias donde se cree y se predica lo que dice la Biblia, he descubierto que el tipo de relaciones bíblicas a las que creo que nos llama el Nuevo Testamento son casi inexistentes. Por ejemplo, recientemente di una conferencia en la que hubo buena asistencia de mujeres muy comprometidas con su fe. No estaban "jugando a la iglesia", y no creo que se vieran a sí mismas como turistas. Pero cuando pedí que levantaran la mano aquellas que estuvieran en una relación bíblica con otras mujeres (donde regularmente confesaban su pecado, daban cuentas y confrontaban a las demás por su pecado), vi muy pocas manos levantadas. Eso no quiere decir que estas hermanas no estaban deseosas de obedecer al Señor. Es solo que este tipo de relaciones profundas, esta comunión bíblica, iba mucho más allá de sus costumbres.

Este tipo de comunión desafía nuestro individualismo occidental y nuestro deseo de privacidad. No queremos a nadie metiéndose en nuestros asuntos, y definitivamente no queremos que nos acusen de meternos en los asuntos de otros. *Esta idolatría de la privacidad y del individualismo es uno de los mayores obstáculos para la santificación en la iglesia hoy.* Dios nos ha puesto en una familia porque no crecemos muy bien solos, y porque Él sigue pensando que no es bueno estar solo. Necesitamos el apoyo, la corrección y el involucramiento amoroso de otros que estén dispuestos a arriesgarlo todo con tal de que la novia de Cristo sea hermosa.

ÉL SE ENTREGÓ A SÍ MISMO POR ELLA

El enfoque de este libro sigue siendo el mismo. Cuando hablo de relaciones apropiadas dentro de la iglesia, no me estoy olvidando de Jesús. Más bien, la idea central de lo que te estoy animando a hacer tiene su origen, expectativa y motivación en Él.

Pablo escribió:

> Más bien, al vivir la verdad con amor, creceremos hasta ser en todo como Aquel que es la cabeza, es decir, Cristo. Por Su acción todo el cuerpo crece y se edifica en amor, sostenido y ajustado por todos los ligamentos, según la actividad propia de cada miembro (Ef 4:15–16).

Creceremos hasta ser como Jesús en todo. Su objetivo es que Su carácter sea forjado en nuestras vidas. Él es el que sostiene poderosamente todo el cuerpo, y el que hace que crezca y se fortalezca para que sea edificado en amor. Este crecer juntos en Su naturaleza sería imposible sin Su poder transformador, y si no fuera por Su buena voluntad, nunca lo desearíamos. Es para Su deleite que trabajamos para embellecer y adornar a Su novia. Esta vida de comunión intencional es por medio Él, en Él, y para Él.

Pero ¿cómo ocurre este crecimiento? ¿Cómo es que somos edificados en amor? Crecemos y somos edificados cuando otros nos hablan con la verdad con regularidad, valentía, y amor. No se trata simplemente de la verdad de una doctrina aislada, sino de cómo esa doctrina específica impacta y transforma nuestra vida diaria. Crecemos cuando cada parte del cuerpo de Cristo funciona adecuadamente y en coordinación con las demás, usando los dones que recibimos del Espíritu (sabiduría, discernimiento, aliento, confrontación, consuelo u oración). La madurez en Cristo no ocurre por asistir a estudios bíblicos. La madurez en Cristo ocurre cuando, por el Espíritu y la gracia de Dios, nuestros hermanos toman verdades bíblicas y las aplican con amor, paciencia y firmeza a nuestros corazones. De la misma forma en que te he animado a que recuerdes al Señor en tu búsqueda de la santidad, ahora te animo a ver que la forma principal en que Él te ministrará la verdad es a través de relaciones profundas y transparentes con otros.

En un pasaje muy conocido acerca del matrimonio, podemos descubrir algunas verdades importantes acerca de la comunión bíblica. Aquí está el pasaje:

> Esposos, amen a sus esposas, así como Cristo amó a la iglesia y se entregó por ella para hacerla santa. Él la purificó, lavándola con agua mediante la Palabra, para presentársela a Sí mismo como una iglesia radiante, sin mancha ni arruga ni ninguna otra imperfección, sino santa e intachable (Ef 5:25-27).

En este pasaje, vemos el amor que nuestro Salvador tiene por nosotros. Él ama a la iglesia, Su novia. Él se entregó a Sí mismo por nosotros para que seamos santificados y purificados. Él lavó a Su novia con Su Palabra con el propósito y por el placer de presentársela a Sí mismo, en toda su belleza, pureza y santidad. El pasaje continúa, diciendo: "Así mismo el esposo debe amar a su esposa". Aunque este pasaje está dirigido a los esposos, nos enseña una verdad más amplia: *Jesús utiliza a pecadores para preparar a Su esposa*. Los usa para purificarla, para lavarla con la Palabra, para prepararla para el día de su boda. Esta purificación y preparación fluyen de Su amor y Su celo por ella, pero se llevan acabo *principalmente por medios ordinarios*: esposos amando a sus esposas, esposas ministrándole a sus esposos, hermanos ayudándose unos a otros a través de la comunión impulsada por el evangelio.

Comunión impulsada por el evangelio

En la noche en que nuestro Salvador fue entregado, hizo algo extraordinario. Aquí está la narrativa de Juan 13:

> …Jesús… que sabía que el Padre había puesto en Sus manos todas las cosas, y que había salido de Dios, y que a Dios volvía, se levantó de la cena, se quitó Su manto y, tomando una toalla, se la sujetó a la cintura; luego puso agua en un recipiente y comenzó a lavar los pies de los discípulos, para luego secárselos con la toalla que llevaba en la cintura. Cuando llegó a Simón Pedro, éste le dijo: "Señor, ¿Tú me lavas los pies?". Respondió Jesús y le dijo: "Lo que Yo hago, no lo entiendes ahora; pero lo entenderás después". Pedro le dijo: "¡Jamás me lavarás los pies!". Y Jesús le respondió: "Si no te los lavo, no tendrás parte conmigo". Simón Pedro le dijo: "Entonces, Señor, lávame no solamente los pies, sino también las manos y la cabeza". Jesús le dijo: "El que está lavado, no necesita más que lavarse los pies, pues está todo limpio. Y ustedes están limpios, aunque no todos". (…) Después de lavarles los pies, Jesús tomó Su manto,

volvió a la mesa, y les dijo: "¿Saben lo que he hecho con ustedes? Ustedes me llaman Maestro, y Señor; y dicen bien, porque lo soy. Pues si Yo, el Señor y el Maestro, les he lavado los pies, también ustedes deben lavarse los pies unos a otros. Porque les he puesto el ejemplo, para que lo mismo que Yo he hecho con ustedes, también ustedes lo hagan (Jn 13:3-10, 12-15 RVC).

Piénsalo. El sublime Rey del cielo lavó los pies sucios de Sus amigos. Este acto de humillación siempre será un ejemplo de amor y servicio humilde. Ahora yo te pregunto: ¿Crees que Jesús —al lavar sus pies y decirles que siguieran Su ejemplo— estaba simplemente instituyendo otro ritual para Sus seguidores? Aunque seguro no hay nada malo en tener un servicio de "lavado de pies", pienso que si limitamos nuestra imitación de Él a la celebración de una ceremonia de este tipo un par de veces al año, no estamos entendiendo el punto.

Este es el punto que creo que Jesús nos está enseñando. Él ya ha limpiado espiritualmente a cada uno de Sus hijos de su pecado —completamente. Pero si ya estamos completamente limpios, ¿por qué nos anima a seguir Su ejemplo? Tenemos que lavarnos unos a otros porque, en nuestro paso por este mundo, nos manchamos de todo tipo de pecado, incredulidad e idolatría. Muchas veces esa mugre encuentra una pequeña grieta (o una enorme herida) donde incubarse y, si no tenemos cuidado, puede llegar a infectarse.

Nuestros pies son uno de esos lugares que no alcanzamos a ver muy bien, a menos que seamos muy flexibles o tengamos menos de 5 años. Hace poco estuve caminando con una amiga en la playa. Era por la tarde, estábamos descalzas, y yo no podía ver muy bien por donde estaba caminando. En algún momento, pisé algo puntiagudo que se sintió como una picadura de abeja, y para cuando regresé a mi auto ya me picaba y me dolía. Por más que trataba, no lograba verla muy bien. Finalmente, cuando llegué a casa, tuve que decirle a Phil que lo viera. Necesitaba sus ojos para que me ayudaran a ver lo que terminó siendo una pequeña espina a la que aparentemente era alérgica. No creo que sea irrelevante que Jesús haya hablado de ese tema mientras lavaba los pies de los discípulos. Tenemos que lavarnos unos a otros, para poder examinarnos, limpiarnos, desinfectarnos y sanarnos unos a otros, y esto es algo que no podemos hacer solos. Necesitamos los ojos y las manos de otros.

Lo que es realmente precioso de todo esto es que no solo ayudamos a otros cuando les "lavamos los pies", sino que también ayudamos a nuestras propias almas. Como mínimo, nuestras almas son humilladas a medida que experimentamos la humildad de Cristo, pero también somos limpiados en el proceso. Como consejera bíblica, puedo testificar personalmente de los cientos de veces en que he sido alentada, limpiada, convicta de pecado y bendecida cuando ayudo a otra persona con su pecado.

Lo que estoy sugiriendo es que cambies tu perspectiva respecto a tus relaciones con otros creyentes. Espero que hayas comenzado a verte a ti mismo como un instrumento que tu Salvador utilizará en la vida de tus amigos, y que comiences a buscar oportunidades en las que un amigo te pueda ayudar a detectar esa espina dolorosa que no puedes ver. Dado que asumo que esto será algo nuevo en tu experiencia, te voy a dar algunas sugerencias prácticas para comenzar a disfrutar de una comunión impulsada por el evangelio.

Viviendo una comunión impulsada por el evangelio

Antes que nada, permíteme animarte a que empieces poco a poco. Nuestro Salvador tenía doce discípulos, pero también tenía tres amigos cercanos y un mejor amigo. Comienza por ahí. Comienza con dos o tres que estén dispuestos a reunirse para tener una comunión bíblica una vez por semana. Me imagino que ya te reúnes con tus amistades frecuentemente. Así que ¿por qué no convertir uno de estos tiempos, o al menos parte del mismo, en un tiempo de verdadera comunión bíblica? Si estás muy ocupada con niños pequeños o pasas mucho tiempo atascado en el tráfico, ¿Por qué no te comprometes a hablar por teléfono con alguien por lo menos una vez a la semana, con el compromiso de reunirse en persona por un par de horas una vez al mes?

En mi opinión, este tipo de comunión bíblica sucede mejor en grupos pequeños que se reúnen regularmente durante el mes. Mi esposo, Phil, y yo actualmente somos líderes de un grupo pequeño como parte de nuestra vida de iglesia. En el grupo, nos enfocamos principalmente en ministrarnos unos a otros con palabras de aliento, corrección, rendición de cuentas y confesión abierta de pecados. Sin embargo, sé que la mayoría de las iglesias, aun cuando ofrecen reuniones en grupos pequeños, no estructuran los grupos de esta forma. Así que, si tu iglesia no está ofreciendo esto, podrías reunirte con tus amistades de manera informal.

Si piensas que reunirte con amistades es algo que te gustaría hacer, podrías decirles algo así:

> El propósito principal de este tiempo no es que conversemos. Se trata de un tiempo para compartir abiertamente acerca de nuestros pecados o tentaciones al pecado, para llevarnos mutuamente a mirar a nuestro Salvador, hablar de las manifestaciones de Su gracia en nuestras vidas, y de cómo el Señor nos está transformando. Es un tiempo para orar y hacer preguntas acerca de las luchas que hemos mencionado en el pasado.

Puede suceder en cualquier lugar: en una cafetería, en una casa, o mientras caminan juntos. Tener comunión bíblica no significa que cada vez que se reúnan tengan que cumplir con cada uno de los objetivos, pero sí debe haber un tiempo para cada uno y la expectativa de que la reunión no será superficial.

Sí, pero...

La principal objeción a estar involucrado en la vida de otras personas tiene que ver con el tiempo. La mayoría de las personas creen que no tienen tiempo suficiente para cumplir con las obligaciones que ya tienen. Entre la familia y el trabajo, ya se sienten que no dan para más. La idea de añadir otra obligación es demasiado. Así que, primero permíteme desafiarte. Si crees que Cristo te está llamando a crecer y que el medio principal para crecer es el ministerio de otros en tu vida, entonces tendrás que evaluar seriamente tu horario para ver si estás más enfocado en actividades que en las personas. Puede que estés involucrado en actividades que son buenas, pero que tal vez son innecesarias y que podrías eliminar. Aun cuando no puedas imaginar cómo sacarás tiempo para este tipo de comunión, quizás puedas empezar a orar por eso.

- Pregúntate: "¿Estoy más interesada en asistir a ciertos programas (o ver ciertos programas) que en las relaciones con otras personas? ¿Por qué?

La segunda objeción más común tiene que ver con el miedo, sobre todo el miedo a ser rechazado al tratar de ayudar a alguien con su pecado. Todos somos muy conscientes de los límites apropiados de las conversaciones educadas, y la comunión bíblica los ignora por completo. No estoy diciendo que seamos maleducados, pero sí estoy diciendo que debemos resistirnos a aceptar un "¡Bien, gracias!" superficial como respuesta, preguntando una y otra vez, insistiendo en que haya una verdadera transparencia. Por eso te estoy animando a que comiences hablando con amistades cercanas y dejándoles saber que quieres buscar este tipo de relación con ellas. De esta forma evitarás que se asusten o se desencanten cuando empieces a hacer preguntas indagatorias para que se abran.

- Pregúntate: "¿Estoy satisfecho con respuestas superficiales a mis preguntas, o trato con prudencia y humildad de hacer hablar a los demás (Pr 20:5) para poder ayudarles a crecer en Cristo?".

La gente suele tener miedo de que sus amistades se alejen al enterarse de lo mucho que luchan contra el pecado. La realidad es que todas nuestras amistades son más conscientes de nuestro pecado de lo que pensamos, y a menos que estemos viviendo una doble vida, probablemente podrían decirte cuáles son esos pecados con los que más luchas, y cómo tu pecado les afecta. Nuestra lucha contra el pecado es como ese juego en el que todo mundo conoce la palabra que está pegada en nuestra espalda, pero nosotros no podemos verla. Por su naturaleza, el pecado nos ciega y nos engaña; por eso se nos advierte: "... anímense unos a otros *cada día*, para que ninguno de ustedes se endurezca por el engaño del pecado" (Heb 3:13). Debido a que es el evangelio lo que nos define, no tenemos que fingir que no tenemos pecado. No tenemos que mantener las apariencias. Ahora solo nos importa una reputación, y no es la nuestra. Puedo dejar que me vean como un pecador porque tengo a un Salvador que ama a los pecadores.

- Pregúntate: "¿Soy transparente respecto a mi pecado y tengo a alguien a quien rendirle cuentas?"

En una conferencia reciente, le pedí a varias mujeres que se reunieran en grupos pequeños para confesar sus pecados y pedir ayuda. Después de unos días, una mujer me comentó que se había reunido con una amiga que conocía desde hace años, y en lugar de confesar alguna debilidad evidente y fácil de compartir, le pidió a su amiga que le dijera lo que veía en su vida. Su amiga la amó lo suficiente como para hacerlo. Le habló con profundidad, amor y claridad acerca de un punto ciego que era muy obvio. ¡Qué gran regalo! Las dos decidieron que iban a rendirse cuentas, haciéndose preguntas, orando la una por la otra, buscando aplicar la Escritura para alentarse y consolarse mutuamente.

La fe obrando por amor

Por supuesto, la principal razón por la que nos resistimos a la comunión bíblica es que no amamos a nuestro Salvador o a nuestro prójimo como debemos. No hemos entendido la profundidad de lo que Él ha hecho por Su novia: entregó Su vida por ella y está obrando para embellecerla y adornarla. Cristo Jesús murió por Su novia, la iglesia; hemos visto lo que es el verdadero amor, y no solo lo hemos visto, sino que lo hemos experimentado. De hecho, "Dios ha derramado Su amor en nuestro corazón por el Espíritu Santo que nos ha dado" (Ro 5:5). Cuando nuestros corazones parecen estar fríos y apáticos, y todas nuestras motivaciones son egoístas, podemos abrazar por fe lo que Él ha dicho acerca de nosotros. Su amor ha sido derramado en nuestros corazones a través del Espíritu Santo. Este amor es nuestro y podemos empezar a buscarnos unos a otros en fe, creyendo que Él siempre suplirá toda la gracia que necesitemos.

Pablo escribió que es a través de la iglesia que "la sabiduría de Dios, en toda Su diversidad, se [da] a conocer ahora, por medio de la iglesia, a los poderes y autoridades en las regiones celestiales…" (Ef 3:10). Esta sabiduría se demostró inicialmente a través de Cristo Jesús, pero ahora se manifiesta a través de la iglesia, en la vida de cada creyente comprometido. A medida que vayamos entendiendo las implicaciones de la comunión que es impulsada por el evangelio, de que somos malvados e imperfectos, pero amados y acogidos, todos los poderes espirituales sabrán que Cristo ha sido victorioso. Nuestras vidas serán transformadas y Él será glorificado.

Las vacaciones son maravillosas, ¿verdad? Me encanta ser turista, visitar nuevas ciudades, probar la comida local, ver nuevos lugares.

Aunque todos estamos de acuerdo en que las vacaciones son divertidas, no son la vida real; por eso se llaman "vacaciones". La verdadera vida y los verdaderos cambios en nuestras vidas ocurren por medio de las relaciones en las que buscamos, confesamos, animamos, confrontamos y acogemos a otros, porque sabemos que nuestra boda se acerca y queremos que toda la familia esté lista.

Entendiendo cómo el amor de Dios transforma tu identidad y tu vida

1. Los siguientes versículos revelan algo acerca de la comunión impulsada por el evangelio. Por favor, indica lo que es en cada caso.
   » Juan 13:33-34
   » Romanos 12:10, 16
   » Efesios 4:2, 32
   » Santiago 5:16

2. Al considerar tus relaciones con otros cristianos, ¿dirías que eres más como un turista, como un estudiante, o como un miembro de una familia? ¿En qué basas tu respuesta?

3. ¿Hay alguien en tu vida con quien tengas una comunión impulsada por el evangelio? Si lo hay, ¿quién es? ¿Hay formas en que pudieras ser más intencional durante sus tiempos juntos? Si no tienes ese tipo de comunión con alguien, ¿cuál es la razón? ¿Qué te impide buscar este tipo de relación? ¿Cómo cambiaría tu perspectiva en cuanto a las relaciones si recordaras el evangelio ("Soy más malvado e imperfecto de lo que jamás me hubiera atrevido a creer, pero más amado y acogido de lo que jamás me hubiera atrevido a imaginar")?

4. Resume en cuatro o cinco oraciones lo que aprendiste en este capítulo.

Capítulo doce

La esperanza del evangelio

... sin abandonar la esperanza que ofrece el evangelio.
— Colosenses 1:23

Comencé este libro planteando esta pregunta: En tu búsqueda de la santidad, ¿te has olvidado de Jesús? Así que, incluso ahora, al final de nuestro estudio, voy a seguir animándote a recordarlo y a persistir en tu búsqueda y tu reconocimiento de Él mientras tengas aliento. Existe una sola razón por la que deseo que le busques fervientemente: la supremacía de Jesucristo. Dado que Él es superior a todo lo que existe, debe ser supremo en cada uno de nuestros pensamientos, palabras y obras. Debe ser supremo en nuestros corazones. Por supuesto, ya sea que lo reconozcamos o no, en este momento Él es el Rey que reina sobre todo lo que existe, no un personaje lindo pero secundario en el gran plan del Padre. Él es Aquel que está en el centro de todas las cosas. Él es la razón por la que existimos.

Pablo describe Su majestuosa supremacía en el primer capítulo de su Carta a los Colosenses:

Él es la imagen del Dios invisible, el primogénito de toda creación, porque por medio de Él fueron creadas todas las cosas en el cielo y en la tierra, visibles e invisibles, sean tronos, poderes, principados o autoridades: todo ha sido creado por medio de Él y para Él. Él es anterior a todas las cosas, que por medio de Él forman un todo coherente. Él es la cabeza del cuerpo, que es la iglesia. Él es el principio, el primogénito de la resurrección, para ser en todo el primero. Porque a Dios le agradó habitar en Él con toda Su plenitud y, por medio de Él, reconciliar consigo todas las cosas, tanto las que están en la tierra como las que están en el cielo, haciendo la paz mediante la sangre que derramó en la cruz (Col 1:15-20).

Para ayudarte a pensar más profundamente acerca de este pasaje tan familiar, aquí está una paráfrasis:

Cristo es el Hijo de Dios, y existe desde antes de la creación del mundo; Él es la imagen del Dios que no podemos ver. Por medio de Él, Dios creó todo lo que hay en el cielo y en la tierra, lo que puede verse y lo que no se puede ver, y también los espíritus poderosos que tienen dominio y autoridad. En pocas palabras: Dios creó todo por medio de Cristo y para Cristo. Cristo existía antes de todas las cosas. Por medio de Él, todo se mantiene en orden, y Él gobierna a Su iglesia y le da vida. Él es la cabeza, y la iglesia es Su cuerpo. Cristo es el principio de todas las cosas. Por eso Él fue el primero en resucitar, para que ocupe el primer lugar en todo. Y en Él se encuentra todo el poder divino. Por medio de Cristo, Dios hizo que todo el universo volviera a estar en paz con Él. Y esto lo hizo posible por medio de la muerte de Su Hijo en la cruz (Col 1:15-20 TLA).

Este es nuestro Salvador. Este es Aquel a quien frecuentemente olvidamos, Aquel que parece tan secundario, tan pasado de moda.

Nuestro Padre no quiere que sigamos adelante, "madurando" más allá de Su Hijo. De hecho, la intención de nuestro Padre es que reconozcamos que Él ha ordenado Su universo de manera que gire alrededor de Su amado Hijo —no alrededor de nosotros, de nuestros deseos, o aun de buenas obras que hacemos en Su nombre.

Así que permíteme preguntarte: *¿Es Él el sumamente honrado centro de tu ser? ¿Es Él el incomparable e inigualable sol alrededor del cual gira tu vida?* Sabes que no lo será a menos que corrijas a tu corazón de una forma intencional y continua. Si no hacemos un esfuerzo consciente, le daremos Su trono a los ídolos de nuestro corazón, ya sea a nuestros deseos pecaminosos o incluso a nuestros vicios espléndidos, esas buenas obras que creemos estar haciendo para Él, pero que en realidad estamos usando como una forma de evitarlo.[1] ¿Y por qué querríamos evitarlo? Simplemente porque queremos la supremacía.

Por favor, no dejes de ver el conflicto que hay aquí. Centrar tu vida en Su gloria hará que cambie todo acerca de ti, y eso es lo único que tu enemigo odia más que cualquier otra cosa. ¿Por qué? Porque él quiere que te enfoques en él, y si no logra que lo hagas, entonces estará contento con que te enfoques en ti mismo, en tu rendimiento, en la importancia de tus buenas obras, o en cómo estás o no cambiando.

No abandones tu esperanza

Pablo continúa este pasaje acerca de la supremacía de Cristo con una descripción de lo que Él ha hecho por ti:

> En otro tiempo ustedes, por su actitud y sus malas acciones, estaban alejados de Dios y eran Sus enemigos. Pero ahora Dios, a fin de presentarlos santos, intachables e irreprochables delante de Él, los ha reconciliado en el cuerpo mortal de Cristo mediante Su muerte, con tal de que se mantengan firmes en la fe, bien cimentados

y estables, *sin abandonar la esperanza que ofrece el evangelio* (Col 1:21-23).

Pablo nos advierte acerca de abandonar la fe del evangelio. Para ayudarte a entender su advertencia, empecemos hablando más sobre esta "esperanza del evangelio".

La esperanza que tenemos en el evangelio es que la plenitud de Dios vino a nosotros por medio de Jesucristo. No tenemos que preguntarnos acerca de la disposición del Padre para con nosotros; no tenemos que especular ni por un momento acerca de nuestro futuro. Tenemos una esperanza fuerte y segura porque podemos ver al Dios invisible en el evangelio.

¿Necesitas esperanza? Mira al pequeño bebé en el pesebre. Mira la forma en que Sus tiernas manos luego bendecían a los niños. Escucha Sus palabras de invitación y mira esas manos perforadas por los clavos. Contempla el lodo ensangrentado. Observa la tumba vacía y la ropa de la sepultura doblada. Míralo ascendiendo físicamente para regresar a Su Padre, vestido en carne humana. Anticipa Su regreso en las nubes, tu unión eterna con Él, y tu reinado junto a Él. No te alejes de la esperanza del evangelio: Cristo es total y eternamente supremo. Necesitas esta esperanza para enfrentar tu día; no te mires a ti mismo ni a otra persona.

Puedes experimentar la esperanza del evangelio porque Jesucristo, el Hijo supremo, se hizo hombre para reconciliarte consigo mismo. Él hizo posible la paz entre el cielo y la tierra, entre Dios y el hombre, entre tu Creador y tu corazón rebelde. ¿Cómo? A través de la sangre de Su cruz. Nunca ha habido ni habrá una sangre como esta. Inmaculada, hermosa, preciada sangre derramada como una ofrenda para acercarte a Él.

En los días en que sientas que nunca lo lograrás, que nunca le agradarás, que eres un fracaso, debes recordar el mejor regalo: Su gran corazón bombeó sangre por Sus venas, sangre que luego salió por sus heridas para poder bendecirte. Esta sangre perfecta corrió por Su cuerpo y cayó sobre la tierra, haciendo charcos bajo sus pies. Fue pisoteada por aquellos que se burlaban. Se mezcló con la tierra que Él mismo había creado, y de ella surgió tu esperanza. Y entonces, en los días en que creas que finalmente lo estás logrando, que finalmente le estás agradando, cuando piensas que puedes estar satisfecho con tu bondad, tendrás que ver la sangre más detalladamente. Trasládate al Calvario y permanece allí hasta que tus buenas obras parezcan lo que realmente son: lodo vil limpiado únicamente por Su manantial purificador.

La esperanza del evangelio que debe gobernar continuamente tu atención es que nuestro Hombre fuerte no solo murió, sino que también resucitó. ¡Él es un Salvador resucitado y eso lo cambia todo! El viejo orden de la muerte interminable ha sido revertido. Nuestra esperanza segura está en la vida después de la muerte —y quizás para algunos de nosotros, la vida después de la vida. Pero no solo esperamos por un futuro brillante. También tenemos esperanza porque por el hecho de haber resucitado de entre los muertos, nuestro Libertador aniquiló nuestra esclavitud al pecado. ¡Somos completamente libres!

La ascensión de Jesús nos da esperanza porque ahora sabemos, sin lugar a dudas, que el Padre y Sus hijos están reconciliados. Él es nuestro pariente; sigue estando encarnado. Sentado al lado del Padre de todo lo que existe, hay un Hombre, y nuestro Padre contempla nuestra forma todo el tiempo y nos ama a causa de Él. Nuestro Salvador siempre está presentándole nuestras necesidades al Padre y declarando nuestra inocencia, mostrando Sus heridas para que todos las vean. Si Jesús alguna vez fuese tentado a olvidarse de nosotros por un momento, solo tendría que mirar Sus propias manos para recordarnos. Nosotros, también, estamos sentados allí con Él, en el trono del cielo, donde antes solo los seres espirituales podían entrar. Al tomar el asiento menos importante para Sí, nos ha dado el asiento principal en el banquete. Nunca te alejes de la esperanza del evangelio.

La esperanza del evangelio es simplemente esta: que Cristo Jesús, el Hijo encarnado, nació en un pesebre, vivió una vida perfecta, sufrió desde el momento de Su primer aliento, fue burlado indescriptiblemente y cruelmente torturado, y luego murió en el cruel madero del Calvario, sin el consuelo de Su Padre ni el de los ángeles. Después de estar tres días en la oscuridad de la tumba, se levantó de nuevo, todavía en carne humana, y a los cuarenta días ascendió al Padre. Por esta razón, tenemos una identidad que es totalmente nueva, una que no está basada en nuestros logros, nuestro amor propio, los elogios de los demás, ni en nuestras buenas obras. Estamos completa e irrevocablemente justificados; hemos sido completamente perdonados, reconciliados, redimidos. Tendremos vida eterna junto a Él, y todo lo que vivimos ahora está atado a estas verdades de alguna manera u otra.

¿Qué quiere decir Pablo cuando nos previene en cuanto a *"abandonar la esperanza que ofrece el evangelio?"* Simplemente que debemos "pensar nuevamente en lo que el Todopoderoso puede hacer, si con Su amor se hace amigo de [nosotros]".[2] Debemos considerar y ser consumidos por el pensamiento de Su amor sacrificial, misericordia y gracia. Que nunca pensemos que meditar en el amor del Todopoderoso es solo para principiantes. Nadie superará la necesidad de aprender esto y de seguir aprendiéndolo una y otra vez.

La razón por la que nos alejamos

Por más ridículo que parezca, todos somos tentados y con frecuencia nos alejamos del evangelio. ¿Por qué haríamos una cosa tan tonta?

Nos alejamos de Jesús y olvidamos el evangelio cuando no recordamos que hemos sido completamente reconciliados a través de Su cuerpo y tratamos de reconciliarnos a nosotros mismos a través de nuestras buenas obras. Siempre que tratamos de compensar por nuestros fracasos haciendo un mayor esfuerzo, o que pensamos que tenemos que demostrar nuestro amor por Él para que nos ame, estamos olvidando que la supremacía le pertenece a Él. ¿Qué tan a menudo esperamos que Su gloria y nuestra gloria sean iguales? Demandamos que nos cambie para poder sentirnos bien acerca de nuestros logros, y para que otros aprecien lo mucho que nos estamos esforzando. Nos olvidamos constantemente de que no es nuestra propia justicia, ni la buena teología, ni el perfeccionismo lo que lo acerca a nosotros. Él es el único digno de honor, no nosotros.

> Es más, todo lo considero pérdida por razón del incomparable valor de conocer a Cristo Jesús, mi Señor. Por Él lo he perdido todo, y lo tengo por estiércol, a fin de ganar a Cristo y encontrarme unido a Él. No quiero mi propia justicia que procede de la ley, sino la que se obtiene mediante la fe en Cristo, la justicia que procede de Dios, basada en la fe (Fil 3:8-9).

Olvidamos el evangelio cuando perdemos de vista el hecho de que Jesús trajo paz entre nosotros y el Padre por Su sangre en la cruz. Cada vez que olvidamos esta sangre y pensamos que tenemos que tranquilizar a Dios de alguna forma, nos estamos olvidando del evangelio, y perderemos la esperanza. Dios está completa e inalterablemente en paz con Sus hijos. Él imparte Su *shalom* (en hebreo, paz) sobre nuestras vidas —un *shalom* que trae bendiciones, no maldiciones. Esta es una de esas asombrosas bendiciones:

> Jehová te bendiga, y te guarde; Jehová haga resplandecer Su rostro sobre ti, y tenga de ti misericordia; Jehová alce sobre ti Su rostro, y ponga en ti paz (Nm 6:24-26 RV60).

Dios nos está bendiciendo y guardando. Su rostro está resplandeciendo sobre nosotros. Está siendo misericordioso con nosotros. Nos ha mirado con amor y nos trajo paz. ¿Cómo podemos estar seguros de que todo esto es verdad? Podemos estar seguros porque Su maldición cayó sobre Su Hijo. En lugar de proteger a Su Hijo, lo abandonó. El Padre escondió Su rostro de Su Amado y derramó Su ira sobre Él. Echó a Su hijo de Su presencia y le dio la espalda. Nosotros tenemos *shalom* porque Su alma fue aplastada.

> En consecuencia, ya que hemos sido justificados mediante la fe, tenemos paz con Dios por medio de nuestro Señor Jesucristo... A la verdad, como éramos incapaces de salvarnos, en el tiempo señalado Cristo murió por los malvados... Pero Dios demuestra Su amor por nosotros en esto: en que cuando todavía éramos pecadores, Cristo murió por nosotros (Ro 5:1, 6, 8).

Olvidamos el evangelio cuando menospreciamos nuestra adopción y pensamos que somos simplemente unos sirvientes contratados. El Padre no nos permite venir a Él en esos términos. O venimos a Él como hijos o nos quedamos con los puercos. No nos permitirá ganar nada de Él porque no permite que alguien se jacte en Su presencia.

> Pero gracias a Él ustedes están unidos a Cristo Jesús, a quien Dios ha hecho nuestra sabiduría —es decir, nuestra justificación, santificación y redención— para que, como está escrito: 'Si alguien ha de gloriarse, que se gloríe en el Señor' (1Co 1:30-31).

Y descuidamos este glorioso evangelio cuando no reconocemos Su supremacía. Cuán frecuentemente olvidamos que todo es de Él y para Él. Olvidamos que Él es digno de recibir el mayor honor y toda nuestra adoración. Siempre que olvidamos el evangelio, nuestra religión se centra en nuestro rendimiento, y entonces pensamos que todo lo que sucede o va a suceder trata acerca de nosotros. Cuando olvido la encarnación, la vida perfecta, la muerte, la resurrección y la ascensión, no pierdo tiempo en colocarme en Su trono, pensando que soy ese ser inigualable, supremo e incomparable. En esos momentos, necesito una dosis intravenosa de la verdad del evangelio. Él tiene la supremacía.

> Porque todas las cosas proceden de Él, y existen por Él y para Él. ¡A Él sea la gloria por siempre! Amén (Ro 11:36).

Y cuando olvido el futuro, la forma en que Él reinará sobre todo como el Rey soberano que es, y que yo reinaré con Él, empiezo a buscar gloria aquí. Se me olvida que para Él fue sufrimiento aquí y gloria allá, así que será lo mismo para mí también. Cuando abandono el evangelio, lo que quiero son unas buenas vacaciones y que hablen bien de mí, y cosas bonitas para hacer mi vida más bonita. Querré compararme convenientemente con otros y decirme a mí misma que soy exitosa. Menospreciaré a aquellos que no cumplan con mis estándares e idolatraré a aquellos que los excedan. Se me olvida que Él es supremo.

> El amor de Cristo nos obliga, porque estamos convencidos de que Uno murió por todos, y por consiguiente todos murieron. Y Él murió por todos, para que los que viven ya no vivan para sí, sino para el que murió por ellos y fue resucitado (2Co 5:14-15).

Tu primer amor

Jesús le envió una carta a Su iglesia desde Su trono en el cielo. Esta carta contiene instrucciones específicas para Sus seguidores. A la iglesia en Éfeso le dijo:

> "Conozco tus obras, tu duro trabajo y tu perseverancia. Sé que no puedes soportar a los malvados, y que has puesto a prueba a los que

dicen ser apóstoles pero no lo son; y has descubierto que son falsos. Has perseverado y sufrido por Mi nombre, sin desanimarte. *Sin embargo, tengo en tu contra que has abandonado tu primer amor. ¡Recuerda de dónde has caído! Arrepiéntete y vuelve a practicar las obras que hacías al principio.* Si no te arrepientes, iré y quitaré de su lugar tu candelabro. Pero tienes a tu favor que aborreces las prácticas de los nicolaítas, las cuales Yo también aborrezco" (Ap 2:2-6).

Nuestro Salvador era consciente de la obra, la perseverancia y la teología de estos queridos santos. Ellos estaban sirviendo arduamente al Señor, pero tenían un problema. Estaban abandonando su primer amor. ¿Será que en medio de todas sus buenas obras, su teología sólida y su perseverancia paciente se olvidaron de Jesús? Al igual que ellos, cuando olvidamos el amor de Dios por nosotros en Cristo, nuestro amor disminuye y nos enfocamos en nosotros mismos, en nuestras obras y en nuestra reputación. Estando en esa condición, no nos faltará mucho para empezar a estar más preocupados con las doctrinas de otros que con las doctrinas del evangelio. No estoy diciendo que la doctrina no tiene importancia. Me encanta la teología, pero el estudio apasionado de la doctrina no es un sustituto del amor apasionado por Jesucristo. No era solo que aquellos en la iglesia de Éfeso ya no le amaban. No, esta falta de amor estaba conduciendo a un estilo de vida del cual tenían que arrepentirse, y luego volver a sus primeras obras. *No concentrarnos en el amor de Dios hacia nosotros en Cristo no es algo trivial. Siempre resultará en una vida apática. Solo el evangelio puede vigorizarnos para que ardamos de pasión por Él en todo lo que hagamos.*

¿Cómo era tu cristianismo cuando estabas recién convertido? Todavía recuerdo mi conversión y mis primeros años en la fe. Estaba eufórica. No sabía mucha teología, pero mi corazón estaba lleno de un amor gozoso. Mi vida todavía estaba llena de pecado, pero mis obras, por pocas que fueran, eran agradables al Señor porque mi corazón ardía de amor por Él. Como me convertí a los veintipocos, puedo recordar mi vida antes de mi conversión. Mis días eran deprimentes, sin esperanza, y estaban llenos de odio. Y luego, de repente, era una nueva persona. Y sabía que era amada. Y por ese amor, fui transformada.

¿Cuánto tiempo hace que no experimentas ese primer amor y obras con gozo como lo hiciste en aquel entonces? ¿Cuándo fue la última vez que te preocupaste más por Su persona que por tu propia reputación? ¿Cuándo fue la última vez que reconociste cuánto te amaba y que le amaste simplemente por esa razón? ¿Cuándo fue la última vez que amaste a tu prójimo o hablaste con gozo acerca de tu Salvador?

Admito que solía ver a los nuevos creyentes casi que con menosprecio. "Míralos", pensaba con desdén. "Todos contentos y llenos de entusiasmo. Deja que pasen unos meses. Ya veremos qué tan contentos están después". Pensamientos de odio, hasta satánicos, ¿verdad? ¿De dónde surgieron estos pensamientos? Surgieron del abandono de mi primer amor. ¿Y por qué abandoné mi primer amor? Lo abandoné porque había olvidado el evangelio y me había enfocado en mí misma y en vivir la vida cristiana.

Hace poco estuve hablando con una querida hermana cristiana que es seria, estudiosa y piadosa. No es perezosa cuando se trata de su fe, y ha dedicado toda su vida al servicio de Dios. Cuando le dije que iba a escribir acerca del amor de Dios por nosotros en el evangelio, me dijo: "Debo admitir que el amor de Dios no me conmueve demasiado. No sé por qué, pero me gustaría que lo hiciera". Por pasarse años sin pensar seriamente en el evangelio, perdió el fervor de su primer amor.

No saber de cosa alguna, excepto de Jesucristo

Cuando Pablo visitó a los corintios, decidió cómo se iba a presentar a sí mismo. ¿Trataría de impresionarlos con sus grandes habilidades para la oratoria o con su sabiduría? ¿Intentaría mostrarles lo exitoso, fuerte y elocuente que era? No, por supuesto que no. Antes de encontrarse con ellos, tomó la decisión de "no saber de cosa alguna… excepto de Jesucristo, y de este crucificado".

Él hizo esto porque no quería tener la supremacía en sus corazones. Quería ser visto como lo que era. Este es el testimonio de Pablo:

> Es más, me presenté ante ustedes con tanta debilidad que temblaba de miedo. No les hablé ni les prediqué con palabras sabias y elocuentes, sino con demostración del poder del Espíritu, para que la fe de ustedes no dependiera de la sabiduría humana sino del poder de Dios (1Co 2:3-5).

Pablo era débil; tenía temor y temblaba. Su discurso y su mensaje no eran impresionantes. Más bien, era el poder de Dios lo que debía impresionarles, poder demostrado a través del débil y menospreciado mensaje de un Cristo crucificado. Pablo no quería limpiar a Jesús y hacerlo presentable para que las celebridades de ese entonces agregaran a Jesús a su repertorio. La vergonzosa muerte por crucifixión, la debilidad de un Mesías desnudo y humillado fue el vehículo perfecto para demostrar lo maravilloso que es el poder de Dios y la supremacía de Su Hijo. Solo una deidad supremamente poderosa podía trastornar al mundo con un Mesías ensangrentado. Pablo quería que estos creyentes confiaran únicamente en el poder de Dios, así que se quitó todo eso que impresionaría sus mentes carnales y se enfocó exclusivamente en Jesús.

¡Ay, cómo lucha mi corazón contra ese mensaje! Cuando viajo para dar conferencias, siempre quiero estar segura de que parezca como que sé lo que estoy haciendo. No quiero parecer débil, pecadora, necesitada. Por supuesto, no quiero restarle importancia al mensaje de la cruz con desorganización, pero debo aprender a poner toda mi confianza en Su mensaje y dejarle los resultados a Él. ¿Y tú qué tal? Quizás no des conferencias, sino que simplemente tratas de llevar a tus hijos al Señor.

¿Te ven como la que lo tiene todo bajo control o ven tu dependencia de un Salvador crucificado? ¿Y qué tal en el trabajo? ¿La gente reconoce que confías en la bondad de Otro, o piensan que tu preocupación principal es tu reputación?

Así que una vez más te pregunto: ¿Has determinado confiarle toda tu vida al Cristo crucificado? Solo podremos hacerlo si cada día vamos a Belén, al Calvario y a Jerusalén. Los dioses de nuestra cultura nos dicen que seamos fuertes, que tratemos de impresionar a la gente, que cubramos nuestro pecado, que mantengamos a la gente a distancia. Pero ese no es el consejo del Salvador. Por nosotros se hizo débil, por nuestras almas lavó pies, por nuestra salvación fue despojado, por nuestra relación fue abandonado. Cada día, cada día —solo el evangelio, solo el Cristo que fue crucificado, resucitó y ascendió.

¿Se escucha Su nombre?

> El nombre de Jesús no solo es luz; es alimento. Es aceite sin el cual la comida para el alma estará seca, y sal sin la cual será insípida. Es miel en la boca, melodía y gozo en el corazón. Tiene poder para sanar. *Toda conversación en la que no se escuche Su nombre es inútil.*[3]

Ahora que nos acercamos al final de nuestro tiempo juntos, quiero dejarlos con dos pensamientos sencillos. El primer pensamiento es que cuando nos alejamos del evangelio, nos privamos de una gran felicidad. Quizás no sabemos exactamente cómo articular la forma en que cada una de sus facetas transforma el alma, pero sí conocemos Su nombre. Permíteme proponerte que empieces hoy mismo a entretejer ese nombre en todo lo que haces. Ya sea que estés lavando los platos, lavando el carro, o humildemente lavando los pies de tu pareja, deja que Su nombre brote desde tu interior. No te preocupes de que suene simple, después de todo, el apóstol Pablo se propuso no saber de cosa alguna, excepto a Jesús crucificado. Calvino citó a Bernard cuando dijo: "Toda conversación en la que no se escuche Su nombre es inútil". Ay, cuántas conversaciones inútiles e insípidas hemos tenido —¡aun con otros creyentes! ¿Cuántos libros y canciones y sermones nos han dejado ansiosos, débiles y hambrientos? ¿Cuántas sesiones de consejería fueron vacías porque el énfasis estuvo solamente en tus deberes, y el evangelio ni siquiera se mencionó?

No estoy diciendo que haya algo mágico en Su nombre, pero conforme pensamos más en Él —en Su encarnación, Su vida perfecta, Su crucifixión, Su resurrección y Su ascensión— aunque sea por momentos, el evangelio llega a ser un agente poderoso para transformarnos y darnos esperanza. Debemos recordar que por eso Dios "lo exaltó hasta lo sumo y le otorgó el nombre que está sobre todo nombre, para que ante el nombre de Jesús se doble toda rodilla… y toda lengua confiese que Jesucristo es el Señor…" (Fil 2:9-11).

Una mano como la nuestra

Un pensamiento final. Luchamos por incorporar el evangelio a nuestras conversaciones y vidas porque estamos demasiado contaminados por el mundo. No tenemos una visión clara de la gracia futura, de la profunda felicidad eterna que será nuestra cuando finalmente lleguemos a esas costas doradas. Se nos olvida que cuando por fin lleguemos allí, no seremos recibidos por un espíritu sin cuerpo, sino por un Hombre.

> "¡Una mano como esta abrirá las puertas de una nueva vida para ti!". Al entrar en el cielo, seremos llevados por una mano humana. Seremos recibidos por una cara —la cara de Jesús— la cual tiene una forma que vamos a reconocer. La encarnación continúa, y por eso hemos sido incluidos en la vida de Dios… No nos ha dejado solos. Jesús ha ido delante de nosotros por un camino que

podemos seguir, por medio del Espíritu Santo que Él mismo envió, porque el camino está en Su carne, en Su humanidad. Jesús mismo es ese camino nuevo y vivo. Aquel que es completamente humano fue más allá del velo en nuestro nombre, e incluso en nuestra piel. Unidos a Él por medio del Espíritu, al que permanece unido a nosotros, podemos seguirle por donde Él ya ha ido.[4]

Ese Hombre ahora se está preparando para tu llegada. Al contemplar el bendito evangelio, notarás que estarás cada vez más deseoso de hablar de Él ahora, y de verlo cuando regrese. ¡Qué gozo tendremos! ¿Anhelamos el cielo para poder ser libertados del pecado y de la enfermedad? Sí, por supuesto. Pero esa no debe ser la razón principal de nuestro anhelo. La razón principal es *que veremos a Aquel a quien nuestra alma tanto ama —¡Aquel que en Su gran amor ha transformado nuestra identidad y nuestra vida*!

> Porque el que te hizo es tu esposo; Su nombre es el Señor Todopoderoso. Tu Redentor es el Santo de Israel; ¡Dios de toda la tierra es Su nombre! (Is 54:5).

> Yo te haré mi esposa para siempre, y te daré como dote el derecho y la justicia, el amor y la compasión. Te daré como dote mi fidelidad, y entonces conocerás al Señor (Os 2:19-20).

> Padre, quiero que los que me has dado estén conmigo donde Yo estoy. Que vean Mi gloria, la gloria que me has dado porque me amaste desde antes de la creación del mundo (Jn 17:24).

> ¡Alegrémonos y regocijémonos y démosle gloria! Ya ha llegado el día de las bodas del Cordero (Ap 19:7).

Entendiendo cómo el amor de Dios transforma tu identidad y tu vida

1. ¿Crees que "toda conversación en la que no se escuche Su nombre es inútil"? ¿Por qué sí o por qué no? ¿Cómo empezarás a introducir Su nombre y el evangelio en tus pensamientos y luego en tus conversaciones?
2. ¿Qué has aprendido acerca de ti mismo en este estudio?
3. ¿Qué has aprendido acerca de Cristo? ¿Y del evangelio?
4. Pablo escribió: "Por lo tanto, mis queridos hermanos, manténganse firmes e inconmovibles, progresando siempre en la obra del Señor, conscientes de que su trabajo en el Señor no es en vano" (1Co 15:58). ¿Cómo puede el recordatorio del evangelio mantenernos "firmes e inconmovibles, progresando siempre en la obra del Señor"?
5. Resume en cuatro o cinco oraciones lo que aprendiste en este capítulo.
6. Resume la idea principal de este libro y lo que crees que el Señor te ha enseñado a través del mismo. Comparte tu reflexión con otra persona.

APÉNDICE

La mejor noticia del mundo

No fue hasta el verano antes de cumplir los veintiún años que empecé a entender el evangelio. Aunque había asistido a la iglesia de vez en cuando durante mi infancia, reconozco que nunca me impactó de manera significativa. Me solían llevar a las clases de escuela dominical, en las que escuchaba historias sobre Jesús. Sabía, sin comprender realmente, la importancia de la Navidad y de la Pascua. Recuerdo ver los hermosos vitrales, donde se mezclaban el rojo arándano y un profundo azul cerúleo, y donde veía a Jesús tocando la puerta de un jardín. Tenía la sensación de que ser religioso era algo bueno, pero no tenía la más remota idea acerca de lo que significaba el evangelio.

Al pensar en mi adolescencia, lo que más recuerdo son mis sentimientos de ira y desesperación. Siempre estaba metida en problemas, y odiaba a todo el que lo dijera. Había noches en las que oraba que pudiera ser buena, o más específicamente, para poder salir del problema en que me encontrara y luego portarme mejor, solo para quedar decepcionada y enojada por los fracasos del día siguiente.

Justo después de haberme graduado de la secundaria a los diecisiete años, me casé, tuve un bebé, y me divorcié antes de que terminara la segunda década de mi vida. Fue en los siguientes meses y años que descubrí los efectos anestésicos de las drogas, el alcohol y las relaciones ilícitas. Aunque parecía una chica a la que le gustaba ir de fiesta en fiesta, estaba completamente perdida y deprimida, y ya había empezado a darme cuenta.

En un punto, recuerdo haberle dicho a una amiga que me sentía como si tuviera cincuenta años, que para mí en ese momento era como decir que ya me estaba muriendo. Estaba agotada y asqueada, así que decidí mejorar. Me busqué un trabajo de tiempo completo, me inscribí en la universidad, y cuidé de mi hijo. Me mudé a otro lugar e intenté empezar de nuevo. No sabía que el Espíritu Santo estaba obrando en mi corazón, llamándome a acudir al Hijo. Solo sabía que algo tenía que cambiar. No me malinterpreten, todavía vivía una vida vergonzosamente perversa, pero ya mis ojos estaban empezando a ver algo diferente.

Aquí fue cuando Julia entró en mi vida. Era mi vecina de al lado y era cristiana. Fue muy amable conmigo y nos hicimos amigas enseguida. Tenía una calidad de vida que me atraía y siempre me hablaba de su Salvador, Jesús. Me hizo saber que estaba orando por mí, y a menudo me animaba a ser "salva". Aunque había escuchado acerca de la salvación en la escuela dominical, lo que ella me decía era completamente diferente a todo lo que recordaba haber oído. Me dijo que necesitaba "nacer de nuevo".

Y así, en una cálida noche en junio de 1971, me arrodillé en mi pequeño apartamento y le dije al Señor que quería ser Suya. En ese momento, realmente no entendía mucho acerca del evangelio, pero sí entendía esto: sabía que estaba desesperada, y creía desesperadamente que el Señor me ayudaría. Esa oración cambió mi vida. La recuerdo ahora, treinta y cinco años más tarde, como si hubiera sido ayer.

En las palabras de la Escritura, sabía que necesitaba ser salva, y confiaba en que Él podía salvarme. Un hombre que se topó con algunos de los seguidores de Jesús hizo esta misma pregunta: "¿Qué tengo que hacer para ser salvo?". La respuesta fue sencilla: "Cree en el Señor Jesús, y serás salvo".

APÉNDICE

Dicho de la manera más sencilla, ¿qué necesitas creer para ser cristiano? Necesitas saber que necesitas salvación, ayuda y liberación. No debes intentar reformarte ni decidir que vas a convertirte en una persona moral para impresionar a Dios. Debido a que Él es completamente santo, es decir, perfectamente moral, tienes que renunciar a cualquier idea de que puedes ser lo suficientemente bueno como para cumplir con Su estándar. Esta es la buena *mala* noticia. Es una mala noticia porque te dice que estás en una situación imposible que no puedes cambiar. Pero también es una buena noticia porque te liberará de los ciclos continuos de autosuperación que siempre terminan siendo fracasos.

También debes confiar en que lo que no puedes hacer —vivir una vida perfectamente santa— Él ya lo ha hecho por ti. Esta es la buena *buena* noticia. Este es el evangelio. Básicamente, el evangelio es la historia de cómo Dios escogió un pueblo para Sí y lo amó desde antes de la fundación del mundo. Más adelante, a Su tiempo, envió a Su Hijo al mundo para que se hiciera completamente igual a nosotros. Esta es la historia que escuchas en Navidad. Este bebé creció hasta convertirse en un hombre, y a los treinta años decidió revelarse y comenzó a mostrarle a la gente quién Él era. Lo hizo haciendo milagros, sanando a los enfermos, resucitando a los muertos. También demostró Su deidad enseñándole a la gente lo que Dios demandaba de ellos, y continuamente les anunciaba Su muerte y resurrección. E hizo algo más: afirmó ser Dios.

Como Él decía ser Dios, los líderes religiosos y los poderes políticos de la época lo condenaron a morir injustamente. Aunque nunca había hecho nada malo, lo golpearon, se burlaron de Él, y lo ejecutaron vergonzosamente en una cruz. Él murió. A pesar de que parecía que había fracasado, la verdad es que este era el plan de Dios desde el principio.

Su cuerpo fue bajado de la cruz y puesto apresuradamente en una tumba dentro de una roca en un jardín. A los tres días, algunos de Sus seguidores fueron a cuidar adecuadamente de Sus restos y descubrieron que había resucitado de entre los muertos. Llegaron a hablar con Él, lo tocaron, comieron con Él. Esta es la historia que celebramos durante la Pascua. Después de otros cuarenta días, regresó al cielo, en Su misma forma humana, y le dijo a Sus seguidores que regresaría a la tierra de la misma manera.

Te dije que hay dos cosas que debes saber y creer. La primera es que necesitas una ayuda que ni tú ni ninguna otra persona humana pueden dar. La segunda es que Jesús, el Cristo, es la persona que te puede dar esa ayuda, y si vienes a Él, no te rechazará. No necesitas entender mucho más que eso, y si realmente crees estas verdades, tu vida será transformada por Su amor.

Debajo he escrito algunos versículos de la Biblia para ti. Al leerlos, puedes hablar con Dios, como si estuviera sentado a tu lado (¡porque Su presencia está en todas partes!) y pedirle que te ayude a entenderlos. Recuerda, Su ayuda no se basa en tu capacidad de entender perfectamente o en cualquier cosa que puedas hacer. Si confías en Él, Él ha prometido ayudarte, y eso es todo lo que necesitas saber por ahora.

… pues todos han pecado y están privados de la gloria de Dios… (Ro 3:23).

Porque la paga del pecado es muerte, mientras que la dádiva de Dios es vida eterna en Cristo Jesús, nuestro Señor (Ro 6:23).

A la verdad, como éramos incapaces de salvarnos, en el tiempo señalado Cristo murió por los malvados. Difícilmente habrá quien muera por un justo, aunque tal vez haya quien se atreva a morir por una persona buena. Pero Dios demuestra Su amor por nosotros en esto: en que cuando todavía éramos pecadores, Cristo murió por nosotros (Ro 5:6-8).

Al que no cometió pecado alguno, por nosotros Dios lo trató como pecador, para que en Él recibiéramos la justicia de Dios (2Co 5:21).

… que, si confiesas con tu boca que Jesús es el Señor y crees en tu corazón que Dios lo levantó de entre los muertos, serás salvo. Porque con el corazón se cree para ser justificado, pero con la boca se confiesa para ser salvo. Así dice la Escritura: "Todo el que confíe en Él no será jamás defraudado". …el mismo Señor es Señor de todos y bendice abundantemente a cuantos lo invocan, porque 'todo el que invoque el nombre del Señor será salvo" (Ro 10:9-13).

"Todos los que el Padre me da vendrán a Mí; y al que a Mí viene, no lo rechazo" (Jn 6:37).

Por lo tanto, si alguno está en Cristo, es una nueva creación. ¡Lo viejo ha pasado, ha llegado ya lo nuevo! (2Co 5:17).

"Vengan a Mí todos ustedes que están cansados y agobiados, y Yo les daré descanso. Carguen con Mi yugo y aprendan de Mí, pues yo soy apacible y humilde de corazón, y encontrarán descanso para su alma" (Mt 11: 28-29).

Por lo tanto, ya no hay ninguna condenación para los que están unidos a Cristo Jesús… (Ro 8:1).

Si quieres, puedes orar algo así:

Dios, admito que no entiendo todo acerca de esto, pero creo estas dos cosas: que necesito ayuda y que quieres ayudarme. Confieso que soy como Elyse y que prácticamente te he ignorado durante toda mi vida, excepto cuando estaba en problemas o simplemente quería sentirme bien conmigo mismo. Sé que no te he amado a Ti ni a mi prójimo, así que es verdad que merezco ser castigado y que realmente necesito ayuda. Pero también creo que me has traído hasta aquí, a leer esta página en este momento porque estás dispuesto a ayudarme, y que si te pido ayuda, no me enviarás con las manos vacías. Estoy empezando a entender cómo castigaste a Tu Hijo en mi lugar y cómo, por Su sacrificio por mí, puedo tener una relación contigo.

Señor, por favor, guíame a una buena iglesia y ayúdame a entender Tu palabra. Te doy mi vida y te pido que me hagas Tuya. En el nombre de Jesús, amén.

Permíteme animarte ahora a pasar al capítulo 5 ("¡Mira y vive!") para una comprensión más completa de lo que significa creer y tener fe. Tengo dos pensamientos más. En Su bondad, Jesús estableció Su iglesia para que podamos animarnos y ayudarnos mutuamente a comprender y vivir estas dos verdades. Si sabes que necesitas ayuda y piensas que Jesús es capaz de darte esa ayuda, o si todavía tienes dudas pero quieres saber más, busca una buena iglesia en tu vecindario y comienza a establecer relaciones allí. Una buena iglesia es una que reconoce que no podemos salvarnos por nuestra propia bondad y que confía totalmente en que Jesucristo —y nadie más— es el que puede salvar. Podrías preguntarle a tus vecinos si saben de alguna, o podrías incluso conseguir un listado de las iglesias en tu área buscando en el Internet. La mayoría de las iglesias tienen en su página web algo llamado una "Confesión de fe" que contiene información acerca de sus creencias.

Las iglesias de los mormones y de los testigos de Jehová no son cristianas, y no creen en el evangelio —a pesar de que podrían decir que sí— así que no vayas a iglesias afiliadas a estos grupos. Encontrar una buena iglesia a veces puede ser un proceso muy complicado, así que no te desanimes si no encuentras una de inmediato. Sigue intentándolo y cree que Dios te ayudará.

En segundo lugar, otro factor que te ayudará a crecer en esta nueva vida de fe es comenzar a leer lo que Dios ha dicho sobre Sí mismo y sobre nosotros en Su Palabra, la Biblia. En el Nuevo Testamento (el último tercio de la Biblia), hay cuatro Evangelios, o narraciones, sobre la vida de Jesús. Te recomiendo que empieces con el primero, Mateo, y que luego leas los otros tres. Te recomiendo que compres una buena traducción moderna, como la Nueva Versión Internacional, pero puedes obtener cualquier versión (aunque evita las paráfrasis) con la que te sientas cómodo, y así comenzar a leer de inmediato.

Lo último que te pido es que me contactes a través de mi página web, www.elysefitzpatrick.com, si has decidido que quieres seguir a Jesús y aprender más de Él con este libro. Gracias por tomarte el tiempo para leer esta pequeña explicación de las noticias más importantes que jamás escucharás. Si empezaste leyendo el apéndice, entonces ahora puedes continuar leyendo este libro y confiar en que el Señor te ayudará a entender y a llegar a ser lo que Él quiere que seas: una persona que ha sido tan amada por Él, que tanto su identidad como su vida han sido transformadas.

BIBLIOGRAFÍA

Agustín, *Restless Till We Rest in You: 60 Reflections from the Writings of St. Augustine* [Inquietos hasta que descansemos en Ti: 60 reflexiones de los escritos de San Agustín]. Compilado por Paul Thigpen. Ann Arbor, MI: Servant Publications, 1998.

Beasley-Murray, Paul. *The Message of the Resurrection* [El mensaje de la resurrección]. Downers Grove, IL: InterVarsity, 2000.

Berkouwer, G. C. *Studies In Dogmatics: Faith and Sanctification* [Estudios dogmáticos: fe y santificación]. Grand Rapids, MI: Eerdmans, 1952.

Calvino, Juan. *Calvin: Institutes of the Christian Religion* [Institutos de la religión cristiana], 2 vols. Editado por John T. McNeill. Philadelphia, PA: Westminster Press, 1960.

Calvino, Juan. *The Institutes of the Christian Religion* [Los institutos de la religión cristiana]. Editado por Tony Lane y Hilary Osborne. Grand Rapids, MI: Baker Books, 1987.

Dawson, Gerrit Scott. *Jesus Ascended: The Meaning of Christ's Continuing Incarnation* [Jesús ascendido: el significado de que Jesús siga estando encarnado]. Phillipsburg, NJ: P&R, 2004.

Ensor, John. *The Great Work of the Gospel: How We Experience God's Grace* [La gran obra del evangelio: cómo experimentamos la gracia de Dios]. Wheaton, IL: Crossway Books, 2006.

Gaffin Jr., Richard B. *By Faith, Not By Sight: Paul and the Order of Salvation* [Por fe, no por vista: Pablo y el orden de la salvación]. Waynesboro, GA: Paternoster Press, 2006.

Goldsworthy, Graeme. *The Goldsworthy Trilogy: Gospel and Kingdom, Gospel and Wisdom, the Gospel in Revelation* [La trilogía de Goldsworthy: Evangelio y Reino, Evangelio y sabiduría, El evangelio en Apocalipsis]. Waynesboro, GA: Paternoster Press, 2000.

The Heidelberg Catechism with Scripture Texts [El Catecismo de Heidelberg con textos bíblicos]. Grand Rapids, MI: Faith Alive Christian Resources, 1989.

Keller, Timothy. Estudios no publicados: *Galatians* [Gálatas], *Romans* [Romanos] y *Gospel Christianity* [Cristianismo centrado en el evangelio].

Lane, Timothy S., and Paul David Tripp. *How People Change* [Cómo cambia la gente]. Winston-Salem, NC: Punch Press, 2006.

Lewis, C. S. *Miracles: A Preliminary Study* [Milagros: un estudio preliminar]. San Francisco: HarperSanFrancisco, 2001.

Morris, Leon. *The Apostolic Preaching of the Cross* [La predicación apostólica de la cruz]. Grand Rapids, MI: Eerdmans, 1965.

Morris, Leon. *The Atonement: Its Meaning and Significance* [La expiación: su significado e importancia]. Downers Grove, IL: IVP Academic, 1983.

Owen, John. *Communion with God* [Comunión con Dios]. Resumido por R. J. K. Law. Carlisle, PA: Banner of Truth, 1991.

Pascal, Blaise. *Mind on Fire: An Anthology of the Writings of Blaise Pascal* [Mente en llamas: una antología de los escritos de Blaise Pascal]. Sisters, OR: Multnomah, 1989.

Parsons, Burk, ed. *Assured by God: Living in the Fullness of God's Grace* [Asegurados por Dios: viviendo en la plenitud de la gracia de Dios]. Phillipsburg, NJ: P&R, 2006.

Piper, John. *God Is the Gospel: Meditations on God's Love as the Gift of Himself* [Dios es el evangelio: meditaciones acerca del amor de Dios al darse a Sí mismo como regalo]. Wheaton, IL: Crossway Books, 2005.

Prime, Derek. *The Ascension: The Shout of a King, the Ascension of Our Lord Jesus Christ and His Continuing Work Today* [La ascensión: el grito de un Rey, la ascensión de nuestro Señor Jesucristo y Su obra continua hoy]. Surrey, UK: Day One Publications, 1999.

Ridderbos, Herman. *Paul: An Outline of His Theology* [Pablo: un bosquejo de su teología]. Traducido por John Richard DeWitt. Grand Rapids, MI: Eerdmans, 1975.

Romaine, William. *The Life, Walk and Triumph of Faith* [La vida, el camino y el triunfo de la fe]. Cambridge; London: James Clarke, 1970.

Ryle, J. C. *Holiness* [Santidad]. Darlington: Evangelical Press, 1997.

Stott, John. *The Cross of Christ* [La cruz de Cristo]. Downers Grove, IL: InterVarsity, 1986.

Tozer, A. W. *The Knowledge of the Holy* [El conocimiento del Dios santo]. San Francisco: HarperSanFrancisco, 1961.

Tozer, A. W. *The Pursuit of God* [La búsqueda de Dios]. Camp Hill, PA: Christian Publications, 1998.

Tozer, A. W. *The Root of the Righteous* [La raíz de los justos]. Camp Hill, PA: Christian Publications, 1986.

Tozer, A. W. *Whatever Happened to Worship? A Call to True Worship* [¿Qué pasó con la adoración? Un llamado a la verdadera adoración]. Editado por Gerald B. Smith. Camp Hill, PA: Christian Publications, 1985.

Warfield, B. B. *The Person and Work of Christ* [La persona y la obra de Cristo]. Editado por Samuel G. Craig. Phillipsburg, NJ: Presbyterian and Reformed, 1950.

The Westminster Confession of Faith [La Confesión de Fe de Westminster].

The Westminster Larger and Shorter Catechisms [Los Catecismos Mayor y Menor de Westminster].

Wright, N. T. *The Resurrection of the Son of God* [La resurrección del Hijo de Dios]. Minneapolis, MN: Augsburg Fortress, 2003.

Notas de texto

Capítulo 1: Recordando Su amor
1. John Owen, *Of Communion with God* [Sobre la comunión con Dios], PC Study Bible [Biblia de estudio PC], parte 1, cap. 4 (Biblesoft, 2003), énfasis añadido.
2. Martín Lutero, *Selected Sermons* [Sermones selectos], PC Study Bible [Biblia de estudio PC] (Biblesoft, 2003).

Capítulo 2: Olvidando nuestra identidad
1. A. W. Tozer, *Whatever Happened to Worship? A Call to True Worship* [¿Qué pasó con la adoración? Un llamado a la verdadera adoración] (Camp Hill, PA: Christian Publications, 1985), 49.
2. Gracias a Paul David Tripp por esta perspectiva, quien después de terminar uno de sus sermones donó 15 minutos de su tiempo para explicarle este concepto a sus oyentes, entre los cuales estuve yo.
3. 3. Por supuesto, también es evidente en libros, canciones o sermones que no son tan serios, pero en esos casos falta el mensaje completo de nuestra identidad y nuestro llamado.
4. Martin Seligman, *Authentic Happiness: Using the New Positive Psychology to Realize Your Potential for Lasting Fulfillment* [Felicidad auténtica: usando la nueva psicología positiva para entender tu potencial para alcanzar una satisfacción duradera] (New York: Free Press, 2004), 8.

5. Gerrit Scott Dawson, *Jesus Ascended: The Meaning of Christ's Continuing Incarnation* [Jesús ascendido: el significado de que Jesús siga estando encarnado] (Phillipsburg, NJ: P&R, 2004), 124.

Capítulo 3: El regalo de nuestra identidad

1. Comercial de Citibank, soluciones para el robo de identidad, 2004.
2. En otras palabras, toda nuestra obediencia (nuestra respuesta a los imperativos de la Escritura) debe llevarse a cabo a la luz de las realidades de lo que Dios ya hizo por nosotros en Cristo (los indicativos de la Escritura). Ver el capítulo 7 para un mayor desglose de este tema.
3. Gerrit Scott Dawson, *Jesus Ascended: The Meaning of Christ's Continuing Incarnation* [Jesús ascendido: el significado de que Jesús siga estando encarnado] (Phillipsburg, NJ: P&R, 2004), 59.
4. Creo que esta definición del evangelio es del pastor Tim Keller.
5. Gerrit Scott Dawson, *Jesus Ascended* [Jesús ascendido], 159. 209
6. Blaise Pascal, *"Pensées"* [Pensamientos], 417, trad. A. J. Krailsheimer (New York: Penguin Classics, 1995), 121.

Capítulo 4: El veredicto

1. Matthew Henry, *Matthew Henry's Commentary on the Whole Bible* [Comentario de Matthew Henry acerca de toda la Biblia], Nueva edición moderna. (Peabody, MA: Hendrickson, 1991), 2:36-40.
2. Íbid.
3. Hch 4:28.
4. "La justificación es el acto judicial de Dios, mediante el cual perdona todos los pecados de aquellos que creen en Cristo, y los considera, acepta y trata como justos a los ojos de la ley, es decir, conforme a todas Sus demandas. Además del perdón de pecados, la justificación declara que todas las demandas de la ley han sido satisfechas con respecto a los justificados. Es el acto de un juez y no de un soberano. La ley no es quebrantada ni puesta a un lado, sino que se declara que se cumple en

el sentido más estricto; así que la persona que es justificada tiene derecho a todas las ventajas y recompensas que se derivan de la obediencia perfecta a la ley (Ro 5:1-10)". (Easton's Bible Dictionary, PC Study Bible).

5. Gerrit Scott Dawson, *Jesus Ascended: The Meaning of Christ's Continuing Incarnation* [Jesús ascendido: el significado de que Jesús siga estando encarnado] (Phillipsburg, NJ: P&R, 2004), 119.

CAPÍTULO 5: TU HERENCIA

1. Juan Bunyan, *The Pilgrim's Progress* [El progreso del peregrino] (New Kensington, PA: Whitaker, 1981), 137-38, 140-41.
2. Íbid.
3. "… Yo soy tu porción; Yo soy tu herencia entre los israelitas" (Nm 18:20).
4. Is 52:7.
5. John Piper, *God Is the Gospel: Meditations on God's Love as the Gift of Himself* [Dios es el evangelio: meditaciones acerca del amor de Dios al darse a Sí mismo como regalo] (Wheaton, IL: Crossway Books, 2005), 47.
6. Mt 8:12; 13:42, 50; 22:13; 24:51; 25:30; Lc 13:28.
7. Sal 145:9; Mt 5:45; Hch 14:17.
8. Albert Barnes, *Barnes's Notes on the Old and New Testament* [Las notas de Barnes sobre el Antiguo y el Nuevo Testamento] (Biblesoft, 1997, 2003).
9. "El informe No. 13 de AFCARS para el año fiscal 2005", Departamento de Salud y Servicios Humanos de los Estados Unidos; Administración para Niños y Familias; Administración para Niños, Jóvenes y Familias; Departamento Infantil (http://www.acf.hhs.gov/programs/cb).
10. Martín Lutero, *Selected Sermons* [Sermones selectos], PC Study Bible [Biblia de estudio PC] (Biblesoft, 2003). 210

11. A. W. Tozer, *The Pursuit of God* [La búsqueda de Dios] (Camp Hill, PA: Christian Publications, 1993), 19.

CAPÍTULO 6: ¡MIRA Y VIVE!

1. El testimonio de Pablo es que esta (y toda) historia del Antiguo Testamento ocurrió, en parte, como un ejemplo para nosotros; que fueron escritas para nuestra instrucción. "Todo eso les sucedió para servir de ejemplo, y quedó escrito para advertencia nuestra, pues a nosotros nos ha llegado el fin de los tiempos" (1Co 10:11).
2. Es claro que los israelitas no entendieron este concepto porque eventualmente hicieron un ídolo de la serpiente de bronce y lo llamaron Nejustán (2R 18:4). Esto era simplemente otra forma de idolatría centrada en el hombre, otra forma de manipular a Dios y controlar el mundo. No te vas a salvar por mirar un crucifijo o por usar una cruz alrededor de tu cuello. No es eso lo que necesitas.
3. Juan Calvino, *The Institutes of the Christian Religion* [Los institutos de la religión cristiana], ed. Tony Lane y Hilary Osborne (Grand Rapids, MI: Baker Books, 1987), 146.
4. 2R 5:10-27.
5. No estoy diciendo que nunca debemos examinarnos a nosotros mismos. De hecho, se nos ordena hacerlo (1Co 11:28; 2Co 13: 5). Pero el autoexamen al que estamos llamados debe hacerse en fe, manteniendo la mirada de nuestro corazón puesta sobre la cruz, creyendo en el amor y la misericordia de Dios.
6. A. W. Tozer, *The Pursuit of God: The Human Thirst for the Divine* [La búsqueda de Dios: la sed humana por lo divino] (Camp Hill: PA, 1993), 85.
7. Johannes Louw y Eugene Nida, eds., *Greek-English Lexicon Based on Semantic Domain* [Léxico griego-inglés basado en el dominio semántico] (New York: United Bible Societies, 1988). Usado con permiso.

8. *The Heidelberg Catechism with Scripture Texts* [El Catecismo de Heidelberg con textos bíblicos] (Grand Rapids, MI: Faith Alive Resources, 1989). Respuesta 60, p. 87. El Catecismo de Heidelberg se publicó originalmente en enero de 1563.
9. A. W. Tozer, *The Pursuit of God* [La búsqueda de Dios], 83.

Capítulo 7: Sé quien eres

1. G. C. Berkouwer, *Studies in Dogmatics: Faith and Sanctification* [Estudios en dogmática: fe y santificación] (Grand Rapids: MI, Eerdmans, 1952), 121.
2. "El imperativo está basado sobre la realidad que se ha dado junto con el indicativo porque es la que hace que sea posible". Herman Ridderbos, *Paul, An Outline of His Theology* [Pablo: un bosquejo de su teología], trad. John Richard DeWitt (Grand Rapids, MI: Eerdmans, 1975), 255.
3. El Catecismo Mayor de Westminster:

    Pregunta 75: ¿Qué es la santificación?

    Respuesta: La santificación es una obra de la gracia de Dios, por la cual aquellos que Dios ha escogido antes de la fundación del mundo para que fuesen santos son, con el tiempo y por la poderosa operación del Espíritu Santo —quien les aplica la muerte y resurrección de Cristo— renovados completamente conforme a la imagen de Dios; teniendo sembrada en su corazón las semillas del arrepentimiento para vida y de todas las demás gracias salvadoras. Esas gracias aumentan tanto y son tan fortalecidas, que con cada día que pasa ellos están más muertos al pecado para andar en novedad de vida.

    Pregunta 77: ¿En qué se diferencian la justificación y la santificación?

    Respuesta: Aunque la santificación y la justificación son inseparables, la diferencia es que en la justificación Dios imputa la justicia de Cristo, y en la santificación el Espíritu infunde la gracia y la capacidad para practicar dicha justicia. En la primera, el pecador es perdonado; en la otra, es subyugado. Una hace igualmente libres a todos los creyentes de la ira vengadora de Dios, y que durante esta vida estos nunca caigan en condenación; la otra ni es igual en todos, ni es perfecta en esta vida, sino que va creciendo hacia la perfección.

Pregunta 78: ¿De dónde proviene lo imperfecto de la santificación en los creyentes?

Respuesta: Lo imperfecto de la santificación en los creyentes proviene de los restos de pecado que aún quedan en cada parte de ellos, y de la lucha de la carne contra el espíritu. Es por esto que son perturbados frecuentemente por las tentaciones y caen en muchos pecados; son estorbados en sus servicios espirituales, y sus mejores obras son imperfectas e inmundas a los ojos de Dios.

4. Íbid.
5. Iain Duguid fue la primera persona que escuché hablar acerca de estas categorías.
6. "Si con Cristo ustedes ya han muerto a los principios de este mundo, ¿por qué, como si todavía pertenecieran al mundo, se someten a preceptos tales como: 'No tomes en tus manos, no pruebes, no toques'? Estos preceptos, basados en reglas y enseñanzas humanas, se refieren a cosas que van a desaparecer con el uso. Tienen sin duda apariencia de sabiduría, con su afectada piedad, falsa humildad y severo trato del cuerpo, pero de nada sirven frente a los apetitos de la naturaleza pecaminosa" (Col 2:20-23).
7. Richard D. Phillips, "Assured in Christ" ["Seguros en Cristo"] en *Assured by God: Living in the Fullness of God's Grace* [Asegurados por Dios: viviendo en la plenitud de la gracia de Dios], ed. Burk Parsons (Phillipsburg, NJ: P&R, 2006), 81.
8. G. C. Berkouwer, *Studies in Dogmatics* [Estudios en dogmática], 84.
9. Íbid., 122.

10. Aquí están algunas frases de uso común que sirven para demostrar la confusión en la mente de muchas personas acerca de la relación entre la obra de Dios y la nuestra:

- "Simplemente tengo que soltarlo y dejárselo a Dios". Hasta donde entiendo, esto quiere decir que debemos dejar de intentar obedecer y simplemente relajarnos, dejando que Dios haga Su trabajo.
- "Supongo que no logro obedecer porque estoy tratando de obedecer en mi carne". Me parece que en este caso las personas piensan que se están esforzando demasiado y que no dependen de Dios lo suficiente, y que es por eso que siguen fallando.
- "Su mente está tan enfocada en lo celestial que no sirve de nada aquí en la tierra". Me imagino que lo que se quiere decir es que estas personas pasan todo su tiempo en las nubes, pensando y soñando, y realmente nunca llegan a vivir su fe.

Los cristianos necesitan entender que es Dios quien está obrando en ellos, haciendo que ellos deseen trabajar duro para agradarle.

11. Efesios 2:1-9: "En otro tiempo ustedes estaban muertos en sus transgresiones y pecados, en los cuales andaban conforme a los poderes de este mundo. Se conducían según el que gobierna las tinieblas, según el espíritu que ahora ejerce su poder en los que viven en la desobediencia. En ese tiempo también todos nosotros vivíamos como ellos, impulsados por nuestros deseos pecaminosos, siguiendo nuestra propia voluntad y nuestros propósitos. Como los demás, éramos por naturaleza objeto de la ira de Dios. Pero Dios, que es rico en misericordia, por Su gran amor por nosotros, nos dio vida con Cristo, aun cuando estábamos muertos en pecados. ¡Por gracia ustedes han sido salvados! Y en unión con Cristo Jesús, Dios nos resucitó y nos hizo sentar con Él en las regiones celestiales, para mostrar en los tiempos venideros la incomparable riqueza de Su gracia, que por Su bondad derramó sobre nosotros en Cristo

Jesús. Porque por gracia ustedes han sido salvados mediante la fe; esto no procede de ustedes, sino que es el regalo de Dios, no por obras, para que nadie se jacte".

12. Gerrit Scott Dawson, *Jesus Ascended: The Meaning of Christ's Continuing Incarnation* [Jesús ascendido: el significado de que Jesús siga estando encarnado] (Phillipsburg, NJ: P&R, 2004), 109 (cursivas añadidas).

13. La Confesión Belga, Artículo 24: La santificación de los pecadores: "Así, pues, es imposible que esta santa fe sea vacía en el hombre; ya que no hablamos de una fe vana, sino de una fe tal, que la Escritura la llama: 'la fe que obra por amor' (Gá 5:6 NBLA), y que mueve al hombre a ejercitarse en las obras que Dios ha mandado en Su Palabra".

14. "Answer 114" [Respuesta 114], en *The Heidelberg Catechism with Scripture Texts* [El Catecismo de Heidelberg con textos bíblicos] (Grand Rapids, MI: Faith Alive Christian Resources, 1989), 159.

15. "Answer 86" [Respuesta 86], in *The Heidelberg Catechism with Scripture Texts* [El Catecismo de Heidelberg con textos bíblicos], 117 (cursivas añadidas). La pregunta que estaban respondiendo era que por qué, si somos liberados completamente de nuestra miseria por la gracia de Dios a través de Cristo, debemos hacer el bien. He utilizado su respuesta para responder a una pregunta diferente pero relacionada: Si nunca soy capaz de hacer el bien sin ningún tipo de fallo, ¿debería tratar de hacerlo?

16. "La seguridad es la confianza consciente de que estamos en una relación correcta con Dios a través de Cristo... Disfrutar de esa seguridad significa simplemente que entendemos la naturaleza interior de nuestra fe". Sinclair Ferguson, "Assurance Justified" [Seguridad justificada], en *Assured by God* [Asegurados por Dios], 98, 102.

17. "El evangelio es lo único que nos permitirá comenzar, continuar y perseverar en la vida cristiana... Cuando llegamos a creer que la santificación es alcanzable por cualquier otro medio que no sea el evangelio de Cristo —el mismo evangelio por el cual creemos— nos hemos apartado

de la enseñanza del Nuevo Testamento". Graeme Goldsworthy, *The Goldsworthy Trilogy: The Gospel in Revelation* [La trilogía de Goldsworthy: Evangelio y Reino, Evangelio y sabiduría, El evangelio en Apocalipsis] (Waynesboro, GA: Paternoster Press, 2000), 171.

18. Juan Calvino, *The Institutes of the Christian Religion* [Los institutos de la religión cristiana], ed. Tony Lane y Hilary Osborne (Grand Rapids, MI: Baker Books, 1987), 128.

Capítulo 8: Yo te limpiaré

1. Hay muchos imperativos en el Nuevo Testamento que nos dicen simplemente que "consideremos" algo. Por ejemplo, debemos considerar nuestra propia pecaminosidad: Mt 7:3; Stg 1:23-24; la providencia de Dios en la naturaleza: Lc 12:24, 27; a Jesús: Heb 3:1; 12:3; cómo ayudarnos unos a otros: Heb 10:24.
2. Herman Ridderbos, *Paul: An Outline of His Theology* [Pablo: un bosquejo de su teología], trad. John Richard De Witt (Grand Rapids, MI: Eerdmans, 1975), 209.
3. Íbid.
4. Íbid.
5. Juan Calvino, *Romans and Thessalonians* [Romanos y Tesalonicenses], trad. Ross Mackenzie (Grand Rapids, MI: Eerdmans, 1991), 167 (cursivas añadidas).
6. C. S. Lewis, *Miracles* [Milagros] (San Francisco: HarperSanFrancisco, 1947), 175.
7. *hedone*, de *handano* (agradar); deleite sensual; por implicación, deseo; lujuria, placer, *Biblesoft's New Exhaustive Strong's Numbers and Concordance with Expanded Greek-Hebrew Dictionary* [Nueva concordancia exhaustiva de Biblesoft con números Strong y diccionario griego-hebreo ampliado] (Biblesoft and International Bible Translators, 1994, 2003).
8. *epithumeo*, tener un deseo profundo, es decir, anhelar (con o sin derecho a); codiciar, desear, lujuriar, *Biblesoft's New Exhaustive Strong's*

Numbers and Concordance with Expanded Greek- Hebrew Dictionary [Nueva concordancia exhaustiva de Biblesoft con números Strong y diccionario griego-hebreo ampliado].

9. Blaise Pascal, *Pensées* [Pensamientos], 148, trad. A. J. Krailsheimer (New York: Penguin Classics, 1995), 45.
10. C. S. Lewis, *The Weight of Glory and Other Addresses* [El peso de la gloria y otros discursos](San Francisco: HarperSanFrancisco, 2001), 26.
11. "Nos has hecho para Ti, y nuestros corazones estarán inquietos hasta que encuentren su descanso en Ti… ¡Qué caminos tan tortuosos los que he caminado! ¡Ay de mi alma temeraria, que pensaba que abandonándote, Señor, encontraría algo mejor! Daba vueltas, yendo de un lado a otro, pero se dio cuenta de que no hallaría paz en ningún otro lugar —solo Tú eres mi descanso. Y he aquí, estás cerca, y nos libras de nuestro miserable vagabundeo, y nos asientas en Tu propio camino. Y nos consuelas, diciendo: 'Corre, Yo te llevaré; sí, Yo te guiaré hasta el final de tu travesía, y allí también te sostendré'". Agustín, *Restless Till We Rest in You: 60 Reflections from the Writing of St. Augustine* [Inquietos hasta que descansemos en Ti: 60 reflexiones de los escritos de San Agustín], comp. Paul Thigpen (Ann Arbor, MI: Servant Publications, 1998), 18-19.
12. William Romaine, *The Life, Walk and Triumph of Faith* [La vida, el camino y el triunfo de la fe] (London: James Clarke, 1970), 280.

Capítulo 9: Anden en amor

1. Margaret Wise Brown y Clement Hurd, *Runaway Bunny* [Conejito fugitivo] (New York: Harper and Row, 1972).
2. Esto no quiere decir que nuestro deseo de ser amados es neutro, como si fuese una especie de vaso de amor que necesita ser llenado. No, significa que convertimos las cosas buenas que Dios nos da en ídolos; las queremos tanto que estamos dispuestos a pecar con tal de conseguirlas.

3. William Romaine, *The Life, Walk and Triumph of Faith* [La vida, el camino y el triunfo de la fe] (London: James Clarke, 1970), 165.
4. Por cierto, si hay algo en el mundo que no me tienen que enseñar, es cómo amarme a mí misma. Sé exactamente lo que quiero y sé cómo servirme a mí misma para poder conseguirlo. Aunque me dedique a despreciarme a mí misma cada día, no es señal de que me falte amor propio. No, lo cierto es todo lo contrario. Ninguno de los escritores del Nuevo Testamento, y especialmente nuestro Salvador, pensó por un momento que nuestro problema era que no nos amábamos lo suficiente. No, nuestro problema siempre es que nos amamos demasiado y estamos demasiado concentrados en asegurarnos de obtener lo que queremos, o de castigarnos a nosotros mismos y a otros cuando no lo logramos.
5. Gerrit Scott Dawson, *Jesus Ascended: The Meaning of Christ's Continuing Incarnation* [Jesús ascendido: el significado de que Jesús siga estando encarnado] (Phillipsburg, NJ: P&R, 2006), 94.
6. Íbid., 182. Citado de Juan Calvino, *The Deity of Christ and Other Sermons* [La deidad de Cristo y otros sermones], trad. Leroy Nixon (Audubon, NJ: Old Paths Publications, 1997), 238–39.

CAPÍTULO 10: ¡ÁNIMO; TUS PECADOS QUEDAN PERDONADOS!

1. John Stott, "The Cross of Christ" [La cruz de Cristo], en Rowan Williams, *Eucharastic Sacrifice* [Sacrificio eucarístico] (Downers Grove, IL: Intervarsity, 1986), 272 (cursivas añadidas).
2. Ver Mateo 14:27; Marcos 6:50. También lo usa en Juan 16:33: "Yo les he dicho estas cosas para que en Mí hallen paz. En este mundo afrontarán aflicciones, pero ¡anímense! Yo he vencido al mundo".
3. Al sacar algunas de estas conclusiones, no estaba pensando en una persona particular, aunque sí estoy basándome en mi experiencia como consejera.

Capítulo 11: Relaciones centradas en el evangelio
1. John Piper, "How Christ Enables the Church to Build Itself Up in Love" [Cómo Cristo capacita a la iglesia para que se edifique a sí misma en amor] (17 de septiembre de 1995), sermón de la biblioteca de recursos de Desiring God (http://www.desiringGod.org.).
2. Para una explicación más profunda de este tema, favor ver mi libro llamado *Helper by Design: God's Perfect Plan for Women in Marriage* [Ayudadora por diseño: el plan perfecto de Dios para las mujeres en el matrimonio] (Chicago: Moody Press), 2003. Por supuesto que hay momentos en que es bueno apartarse por temporadas cortas para buscar al Señor. También hay momentos en que la soledad no puede evitarse: cuando estás lejos de casa, cuando estás enferma. Estos tiempos son particularmente difíciles porque no fuimos creadas para estar solas. Sería terrible vivir en una isla desierta aunque haya comida y agua abundante.

Capítulo 12: La esperanza del evangelio
1. David Brainard:

> Cuando ayunaba, oraba y obedecía, pensaba que lo hacía para la gloria de Dios, pero estaba haciendo todo para mi propia gloria —para sentir que era digno. Mientras estuve haciendo todo esto para ganar mi salvación, no hacía nada para Dios, ¡todo era para mí! Me di cuenta de que todo mi esfuerzo por ser digno era una forma de adorarme a mí mismo. La verdad es que estaba tratando de evitar a Dios como salvador y de ser mi propio salvador... No estaba adorándolo, sino usándolo... Aunque a menudo le confesaba a Dios que, por supuesto, no me merecía nada, seguía teniendo la esperanza secreta de poder recomendarme a Dios por todas estas obras y toda esta moralidad. En otras palabras, estaba tratando de salvarme a mí mismo con mis obras.

George Whitefield:

> Nuestras mejores obras son como muchos de nuestros pecados espléndidos. Antes de que tu corazón pueda estar en paz, no solo debes estar harto de tu pecado, sino que debes estar harto de tu justicia, de todas tus obras y actuaciones. Debe haber una convicción profunda antes de que puedas ser rescatado de tu propia justicia; es el último ídolo que sale de nuestro corazón. El orgullo de nuestro corazón no nos dejará someternos a la justicia de Jesucristo.

On the Method of Grace [Sobre el método de la gracia] (http://www.bartleby.com/268/3/20. html). Tanto la cita de Brainard como la de Whitefield fueron presentadas en un sermón del pastor Mark Lauterbach.

2. "Praise to the Lord, The Almighty" [Alabanzas sean dadas al Señor, el Todopoderoso]. Letras: Joachim Neander, en *A und W Glaubund Liebesübung* (Stralsund: 1680); traducido del alemán al inglés por Catherine Winkworth, 1863.
3. Juan Calvino, *The Institutes of the Christian Religion* [Los institutos de la religión cristiana], ed. Tony Lane y Hilary Osborne (Grand Rapids, MI: Baker Books, 1987), 128 (cursivas añadidas).
4. Gerrit Scott Dawson, *Jesus Ascended: The Meaning of Christ's Continuing Incarnation* [Jesús ascendido: el significado de que Jesús siga estando encarnado] (Phillipsburg, NJ: P&R, 2004), 7.

Descubre *el evangelio*
Descubre a Jesús

Encuentros con Jesús
Respuestas inesperadas a las preguntas más grandes de la vida

¿Cuál es mi propósito en la vida?

Jesús *cambió la vida* de cada persona que conoció cuando se encontró con ellos y les dio respuestas inesperadas a sus preguntas más grandes. *Encuentros con Jesús* muestra cómo las vidas de muchas personas fueron transformadas cuando se encontraron con Jesús personalmente —y cómo nosotros podemos ser transformados hoy a través de un encuentro personal con Él.

Los Cantos de Jesús
Un año de devocionales diarios en los Salmos

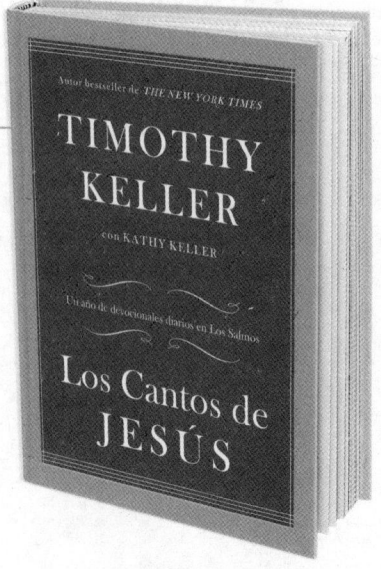

¿Sabías que Jesús cantaba Los Salmos en Su vida diaria? Él conoció los 150 Salmos íntimamente y los recordaba para enfrentar cada situación, incluyendo Su muerte.

¡Los Salmos son los Cantos de Jesús!

En este devocional, Timothy Keller y su esposa Kathy te mostrarán profundidades en Los Salmos que te **llevarán a tener una relación más íntima con Dios.**

Otros libros de
POIEMA

El Evangelio
¡para cada rincón de la Vida!

Poiema /POY-EMA/ es la palabra griega que se refiere a una obra creada por Dios. Es la raíz de nuestra palabra "poema", que nos insinúa algo artístico, no una simple fabricación. Pablo dice:

Porque somos la obra maestra (POIEMA) de Dios, creados de nuevo en Cristo Jesús…
Efesios 2:10

El propósito de Poiema Publicaciones es reflejar la imagen de nuestro Creador, creando libros de alta calidad, accesibles, agradables y pertinentes al mundo caído en el que vivimos. Dios nos invita a tomar parte en la redención de toda Su creación en Jesús. En Poiema Publicaciones, sentimos un llamado a que nuestra lectura ¡también sea redimida!

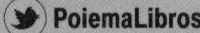 PoiemaLibros
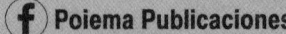 Poiema Publicaciones
PoiemaLibros

Visita nuestra web